本书编委会

主　编

尹传政

副　主　编

钟　超

编委会成员

尹传政　钟　超　季冬晓　辛　莉

聂仁政　张远航　黄晓云　王丽曼

国企党建品牌创建

实用手册

《国企党建品牌创建实用手册》编委会 ◎ 编

☆☆☆☆ 　国企党建品牌的设计与落地　 ☆☆☆☆

☆☆☆☆ 　推动国企党建与生产经营服务融合　 ☆☆☆☆

☆☆☆☆ 　国企党建品牌案例与点评　 ☆☆☆☆

人民出版社

目　　录

第一章　什么是党建品牌

第一节　国有企业党建品牌创建现状与难点

一、党建品牌建设存在的问题

（一）党建品牌创建意识"空心化"

当前，国企工作偏向于能够创造直接经济效益的行为，对党建工作则缺乏足够的重视，党建工作偏软偏弱。即使在加强国企党建工作的形势下，党建工作的主要任务都放在了常规工作上，更有甚者是机械地落实上级指示要求，认为形式上过得去就可以了，由此出现了党建工作和生产经营工作"两张皮"的现象和党建品牌创建"空心化"的问题。当然，也有部分国企党组织限于现实条件等原因导致党建品牌创建工作滞后，这是可以理解的，比如由于工作环境较为艰苦，物质保障跟不上，或者党员人数较少难以形成可行性品牌活动等。但总体而言，当前国有企业党建品牌创建意识不强是限制品牌建设的主要因素。

（二）党建品牌创建行为"形式化"

基层党组织建设既是一项基础性工程，更是一项系统性工程。党建品牌创建作为加强国有企业党组织建设中的重要工作，具有可推广、可复制的宝贵经验，但是不能照抄照搬。近年来，突出特色、树立品牌日益成为国有企业党组织建设的一项重要工程，但是在这种氛围下却产生了热衷于造概念、不重内涵的形式主义行为。这种类型的党建品牌创建行为不坚持实事求是精神，不从国有企业的主营业务出发，没有回应党建工作中的重点难点问题，不可能真正提升基层党组织的组织力，最终只是"花架子"，免不了被"束之高阁"的命运。

（三）党建品牌创建成果"盆景化"

基层党建是党树立在基层的根基，党建品牌创建要以"根"为基础，结合实际开展行之有效的党建活动，防止创建成果"盆景化"。国有企业党建品牌创建活动要以促进国企党委充分发挥"把方向、管大局、保落实"的领导核心作用、促进国有资产保值增值为目标，确保国有企业充分发挥"新时代中国特色社会主义的支柱"作用。但不少国有企业党建品牌创建活动流于形式，成为昙花一现、有形无实的"花盆"。这样的党建品牌工作做在了嘴上、制度挂在了墙上、体会记在了本上，就是落不到实处，进不到党员脑里、入不了群众的心里、落不到员工的行动上。

二、党建品牌建设的困境与突破点

（一）党建品牌建设必须改变传统的党建思想

过去很长一段时间内，国企党建往往存在过分注重宣传的问题，而且宣传也只是侧重于理论性的内容，党建工作更多的是照本宣科地读，或者机械地重复，往往流于形式，缺乏有效的应用。不少人误认为谁都能去搞党建，从而导致党建工作兼职化，甚至成为生产之外的额外工作，往往在实际党建工作中表现为闲散懒。有些人是认为国企党建是轻活，年富力强的职工不能干，只能让半退休、边缘化的职工干部从事党建工作。因此，必须树立党建是企业第一责任的观念。

（二）党建品牌建设必须改变对党建工作不重视的态度

长期以来，党建工作被视为表面文章，甚至中看不中用的思想一度流行。因此，在国企党建实际工作中，不少人不用心去钻研，不培养专门的党建人才去发展，致使整个党建工作失去了创新与活力，循规蹈矩，故步自封。

（三）党建品牌建设必须改变党建与生产、经营难结合的错误观念

过去，一谈党建就有空对空的感觉，感觉党建与生产、经营融合很难找到契合点，导致了一些企业的党建与生产相脱节，因此，往往一谈到党建就认为难点在于与生产、经营融合。因此，结合新时代党建的要求，必然牢固树立党建用于实践，引领生产的思想。

第二节　党建品牌的概念与设计

一、党建品牌的概念与内容

（一）党建品牌的概念

党建品牌的定义：结合企业生产经营实际，通过党组织和党员队伍建设，充分发挥党组织和党员的先进性，促进党建与生产经营工作的融合，并结合具体内容和形式用品牌名称的方式加以命名，成为一个具有推广价值的党建工作模式，最终达到提高政治影响力、经济发展力和文化宣传力的作用。

党建品牌具有丰富的内涵，对一个党建品牌的理解和把握，要从其属性、价值、文化、个性等几个方面来分析。

1. 属性：党建品牌代表了企业的品质内涵，它代表着企业的某种性质、功能、效率。性质，是指党建品牌代表着国有企业这一基本属性。功能是指党建品牌通过党组织和党员的先进性展示出的政治功能、经济功能和社会功能等。效率，是指党建品牌在国有企业通过党组织和党员先进性的发挥，实现了对企业发展的创新创效，带来了高质量发展。

2. 价值：党建品牌会因其所代表的企业的品质和声誉，从而在社会范围内或者同行业内形成不同的价值，其中包括政治功能价值、经济功能价值和社会功能价值。同时它也体现了企业在党建产品设计和推广中的某种特定的价值观，其中包括对企业体现出来的政治属性价值追求、对企业发展目标的价值追求和对企业产生的社会效益的价值追求。

3. 文化：党建品牌代表了党建文化和企业文化，是一种党建文化和企业文化的融合文化。党建品牌是一种党建文化，它是将企业的党建成果进行高度凝练，以此在党组织和党员的先进性之中展现出来，实现企业的政治和经济效果。党建品牌是一种企业文化集中体现的载体，其所选用的符号本身是一种潜在的文化，包含了企业的管理理念和核心价值追求，通过品牌设计使企业本身所具有的文化特征在品牌中体现出来，被人们所理解和认同，并由此产生广泛的社会效益和影响。

4. 个性：党建品牌，特别是好的党建品牌应具有鲜明的个性特征，它不仅在包含的内容上比较突出，而且在表现的形式上更能使人们感到独一无二、新颖突出，使人们联想到国有企业的基本属性，其中包括所具有的生产、经营和服务的鲜明个性特征，从而使企业党建品牌产生有效的识别功能。

5. 适用：党建品牌必须具有适用性，也就是能够在同行业中进行广泛推广。就是说某个企业的党建品牌具有普遍的使用价值，无论其理论支撑，还是落地的载体上，对其他企业能产生感染力，最终能够为其他企业所借鉴。也就是说，党建品牌在具有特色的前提下，其包含的内容具有广泛的适用性。

（二）党建品牌的内容

党建品牌的内容就是将党建融入企业生产、经营和服务之中，在展现企业特色的同时能够促进企业的发展，概括起来，其内容主要包含党建品牌的主旨、名称、标识、理论架构和落地。

党建品牌的主旨，就是创建这个党建品牌的主要目的是干什么、实现什么、应该体现和反映党组织对企业的统领和融入要求，以及这个企业的经营价值理念和追求。

党建品牌的名称，就是党建品牌的名字，一般情况下必须是体现了党建与生产经营融合的特点和内容，反映了企业的生产、经营和服务的理念和主旨，涵盖了企业的生产、经营和服务的内容。品牌名称的最佳选择就是实现党建与生产、经营和服务相融合的名称。

党建品牌的标识，就是党建品牌的形象设计，也是企业党建品牌的标志，它具有丰富的党建文化和企业文化内涵，也是企业党组织对生产、经营和服务的价值表达，同时体现了党建与生产经营相融合的基本特征。

党建品牌的理论架构，是党建品牌的整体框架和主干，包括了党建品牌主旨、存在的理论支撑和落地实践的载体形式，具有实践性和理论性，具有严密的逻辑性，是党建品牌基本内容的表达。

党建品牌的落地，是党建与生产经营融合的具体形式，以具体载体作为落地形式的表达，具有较强的实践操作性。

二、党建品牌的设计步骤

第一，必须清楚自己的位置，这个位置包括这个部门主管什么业务，自己对上对下要对接哪些部门。明确了自己的位置，党建品牌的整体设计才能做到心中有数，明确设计这个品牌是干什么的，以免设计内容与实际工作相脱节。

第二，明确创设党建品牌的目的。国企机关一般处于管理的位置，创设品牌更多的集中于企业的总体，统领企业的整个建设，包括党建、生产、质量、安全和管理效率等。

第三，进行现场实地考察。实地考察的目的有两个：一是寻找党建品牌的落地点，即能够把党建与生产、经营和管理等相融合的地方；二是党建与生产、经营的融合点最好具有特色，这个特色是指发挥本企业的生产、经营和管理特长的，或者说比较成熟的，当然最好是比较独特的，也就是亮点。在考察过程中，要开始思考党建品牌的命名问题。实际上，一个党建品牌的名称，最能够叫得响的就是实现与企业的生产特色相结合，或者能够涵盖整个企业的生产，尤其是最能体现企业的生产、经营特色。所以在实地考察过程中，对于党建品牌的名称必须做到心中有数，开始筹划和谋划。

第四，结合考察内容，对企业已有的党建工作进行归纳和提炼，形成体系。做党建品牌最基本的内容就是对已开展的党建工作进行全面归纳和提炼，这个过程就是为党建品牌构筑一个基本的框架体系，这个体系体现品牌建设的目的、理论支撑和落地内容。作为落地支撑就需要把考查的亮点纳入其中，从而实现党建工作的落地落实。在这一步骤中必须注意几个问题：一是必须避免抛弃已有的党建工作和另起炉灶或者另寻一套。因为搞好党建必须明白的一个基本事实就是，党建是一项持续推进的工作，需要持续不断的推进和完善，不能依靠或指望一蹴而就；二是进行本企业党建内容的归纳提炼要依据自己取得的党建成果，不能照抄照搬别人的经验和做法。因为每个企业都有自己的工作、党员管理和基层党组织建设实际情况，有的企业搞的时间长，更完善；有的企业相对时间短，开拓的空间更大，况且每个企业的生产和经营各有特色，这就对党建与生产、经营的融合提出了不同要求。

第五，构建党建品牌的名称。当一个完整的党建品牌体系出现以后，就要命名党建品牌的名称。当然，在提炼党建品牌体系的过程中，就可以开始命名党建品牌的名称，因为起一个非常贴切的名字较难，有的可以以党建体系代为品牌的名字。最好的党建品牌名称还是直接命名一个与企业生产、经营相关的，或体现企业特色的名字。

第六，根据提炼的党建品牌体系，与落地相对接。提炼了党建品牌的基本体系以后，最终的实用价值取决于与实际生产、经营的融合程度，也就是通常所讲的能不能实际操作，能不能用的问题。在党建品牌落地的过程中，要进一步明确党支部书记、党支部委员和党员的责任义务，同时重在突出支部的组织和引领性，党支部委员和党员的先进性。

第七，党建品牌的宣传。一个党建品牌所发挥的影响和产生的社会效益，离不开党建品牌的宣传。党建品牌的宣传是党建品牌文化的集中体现，主要以党建文化宣传廊的形式开展。宣传的内容要紧紧围绕党建品牌的主题和内涵开展，建设一个党建文化墙，集中展示党建品牌的一个背景、内涵和主题思想，同时还要配以简短有力的宣传标语。

第三节 党建品牌的基本特征

党建品牌作为党组织建设与生产、经营融合的一种典型方式，在具体构建以及实际操作过程中，具体体现出了以党组织、党员的先进性为突出特点的基本特征。这些基本特征的把握，对于进行党建品牌建设，以及更好地发挥党组织和党员在生产实践中的作用具有重要意义。概括起来，党建品牌的基本特征集中体现在理论层面和实践层面。

一、具有先进性

党建品牌通过基层党组织载体，在生产和经营中以发挥党组织和党员先进性为根本目的。党建品牌建设主要以基层党支部为基本载体，通过各项组织建设和加强对党员的管理，让党支部书记、党支部委员和党员在企业生产经营中充分发挥引领表率作用。对于党员来讲，就是设置特殊的岗位，让党员在岗位上展示出模范示范作用，带动其他企业职工的积极性；对于基层党组织而言，就是要发挥引领作用，做好通过组织党员为企业的职工技能、生活待遇等服务，凝聚起企业职工的力量，为企业发展提供创造条件。

二、具有可操作性

党建品牌不仅仅是理论宣传，或者是单纯的组织建设，更重要的是党组织如何组织党员以及带动企业职工投入到具体的生产经营中，从而解决相关的实际问题，这就是党建品牌的可操作性。党建品牌的可操作性表现在党组织建设的基本内容、党建与生产经营管理相融合的基本形式、党建在内容表达的基础和目的上。

关于党组织建设的内容，其可操作性表现为通过党组织建设紧紧围绕企业生产经营展开，构建起能够与生产、经营相融合的载体；通过党员先进性的发挥，进行创新创效，能够带队伍，发展企业的生产经营。党建与生产经营管理相融合的基本形式，其操作性就是党组织建设的制度化、精细化和常态化建设主要针对实现企业的生产、经营和服务，将党组织嵌入生产、经营和服务的实际之中，组织党员参与企业生产、经营和服务之中，使其发挥引导作用。对党建在内容表达的基础和目的上，其操作性表现为围绕着生产、经营进行的组织建设、设置和党员教育管理，而不是脱离实际的务虚的内容，那样会导致党建与实际生产、经营和服务相脱节。

三、具有文化性

党建品牌不仅体现了实践应用的价值，而且更多地体现出了它的文化性。党建品牌的文化性，就是以融入企业文化、人文关怀和党的建设文化为基本内涵，重在通过以文化人，发挥党的文化先进性的方式，实现党建品牌的价值。

党建品牌的文化性主要表现在这样几个方面：一是党建品牌是以企业党建文化为基础的。从本质上讲，党建就是一种文化，它是以一个先进党组织为基本内容的文化体现，其中包括了这个党组织的指导思想、精神、党组织建设情况、党组织的发展历史等。二是党建品牌的核心要义也彰显了这个企业的文化精神内涵。每个企业都有自己的精神内涵，这与其在长期发展过程中凝炼出来的人文精神有着很大的关系，对于党建品牌建设来讲，也充分体现了这一点，比如企业在做党建品牌时所提出的目标追求，很大程度上都蕴含了企业的目标追求和企业发展的目标追求，从本质上讲，这种追求就是企业文化的最大体现。三是党建品牌也是一种企业生产经营和管理理念的体现。任何一个企业的理念都代表了企业深厚的文化底蕴和人文素养。党建品牌建设将党建与企业的生产经营和管理紧密地融合、对接，充分融入了这种企业文化的内涵。比如在企业中提出的以人为本的理念，这恰恰是党建品牌建设中所要展示和体现的，其中设置"先进党员先锋岗""党员示范岗"等都是以人为本的价值理念的体现。

四、具有总结性和概括性

党建品牌就是把以往或正在开展的各项党建活动加以总结和概括，将其规律性特征体现出来。而党建品牌体系的这种总结性和概括性最为直观的表达就是，党建品牌重在以党建体系构建的方式表达出来，既有理论又具有实际操作价值，通过理论提升和构建，最终达到推动实际业务能力提升的目的。

党建品牌的总结性和概括性主要体现在这样几个方面：一是企业党建品牌的目的性，以及结合企业实际的党建与生产的融合性，必须进行总结和概括。二是对企业已有的党建成就或者开展的党建工作，必须加以归纳并以条理化的形式呈现。三是对党建与生产、经营融合的构建载体进行总结和概括。

五、具有可推广性

构建党建品牌意在展现党建的价值，起到示范效应。党建品牌通过自身价值的发挥，实现党建对生产经营的引领，最终做到促进企业发展的目的，并带动同类单位生产经营。党建品牌具有可推广性的另一体现就是具有实操性。这种实操性既具有党建与企业生产经营融合的普遍性，又有根据企业实际实现党建与生产经营融合的特性。

要做大党建品牌的可推广性，就必须赋予党建品牌几个重要的功能效益。其中主要包括政治功能与效益、经济功能与效益、社会功能与效益，同时还要具备通适性，就是党建品牌的理论支撑和落地载体能够在同行业或其他企业中应用。

六、具有特色

一支部一品牌是基层党支部品牌建设的基本要求。从根本上讲，支部品牌建设的特色，既体现了支部建设的特色，也代表了支部所在单位的生产经营特点。因此，进行支部品牌建设，就是要从基层党支部的实际出发，结合自身党员的实际情况，以及组织建设的情况进行品牌建设，同时在组织建设过程中要依据实际情况开展有特色的组织建设和党员教育管理，以最大程度地表现自己的组织建设特色。

党建品牌的特色是构建党建品牌的出发点和亮点。这个出发点就是从企业党建实际、生产实际、经营实际和服务实际出发，因为只有从实际出发，才能创造出属于自己的党建内容，党建与生产、经营、建设和服务相融合的内容。因此，在注重其他企业党建品牌的有益经验的同时，还要充分结合自己的实际，在这一基础上构建带有自己企业鲜明特点的党建品牌，并把企业的优势和特长充分发挥和施展出来，实现企业自身的最大政治效益、社会效益和经济效益。

第四节　党建品牌的作用与价值

一、党建品牌能够实现党建与生产、经营的融合

党建品牌建设就是在党建理论支撑下，将基层党组织融入、嵌入到企业的生产和经营环节，对企业的生产、经营发挥带动作用，实现企业高质量发展。

党建品牌建设要使党建能够融入企业的决策环节。从宏观上说，企业党组织在单位中要把方向、管大局、保落实，发挥核心领导作用，确保企业决策部署符合党中央的路线方针政策和国家的法律法规。在做企业发展战略规划时，党组织要把好方向关、政策关；董事会、经理层等企业治理主体要善于从讲政治的高度来谋划全局，职能部门在决策论证时要讲政治，顾全大局；在研究改革、并购重组方案时，要把党的组织、机构、人员和工作等同步研究部署；等等。党建品牌建设还要使党建能够融入企业的执行环节。党建品牌可以通过融入执行环节来确保企业的决策在基层落地生根，增强企业的执行力。当企业改革涉及错综复杂的利益调整的时候，党组织可以通过开展入脑入心的思想政治工作，确保改革平稳顺利完成。当企业重大项目攻坚遇到困难时，党组织通过开展"一线党旗飘""岗位党徽在闪耀"等党建品牌建设，发挥一个支部一个堡垒、一名党员一面旗帜的带头作用。当企业面临安全生产压力时，党组织要聚焦安全文化建设，通过"党员身边零事故""安全在我心中"等党建品牌活动，使事故发生的可能性降到最低。党建品牌建设还能够使党建融入企业的监督环节。企业党建具有监督决策和制度落实情况的重要作用，党组织监督体系与企业监督体系要深度融合，形成监督合力，增强企业的管控力。党组织既要监督领导班子决策，又要监督决策执行情况；既要监

督干部，又要监督党员；既要监督结果，更要监督过程。在重大战略实施过程中，如果发现其偏离或违背了国家政策、企业实际，党组织要及时加以纠正；在关键岗位人员出现异常情况时，党组织要及时"咬耳扯袖"。通过建立事前、事中和事后全过程监督体系，实现党组织监督全覆盖。

二、党建品牌充分发挥党员干部先锋模范作用

党建品牌建设就是通过党员干部在工作岗位、安全责任和市场开拓中发挥先进性，起到表率和监督作用。在党建品牌规划、定位、设计等环节，广大党员共同谋划和研究单位的工作重点，明确发展方向，集思广益、群策群力，充分发挥自身在工作中"打头阵、当先锋、做表率"的先锋模范作用。

在工作中，党员的先进性体现在时时处处发挥表率作用、带领群众不畏艰难困苦、顽强拼搏的战斗力中，体现在爱岗敬业干在前、急难险重冲在前的拼搏中，体现在难事险事面前挺身而上、无私无畏的斗争中，体现在敢于担当、善作善成、善始善终的境界中，还体现在永远保持党的先进性、纯洁性的英雄本色里。

具体说来，党建品牌可以通过品牌活动载体在品牌宣传推广方面充分发挥党员的先锋模范作用。在活动主题方面，党建品牌在设计过程中力求定位准确、通俗易懂、体现设计方的品牌特色等。在活动载体创新方面，党建品牌可以实现党员作用发挥和实现组织意图结合、加强对党员教育管理同解决实际问题结合、加强学习教育培训和提升党员的服务群众能力的有机结合。在学习教育培训方面，党建品牌可以通过开辟"四大阵地"（党员教育培训阵地、党建成果宣传阵地、党员学习交流阵地、文体活动阵地）来加强思想建设，拓宽学习教育的途径，发挥先锋模范作用。比如，坚持自主学习、集体学习、网上培训在线学习相结合的学习制度，可以通过每周一题、每月一测、

每季一课、每年一评的方式检验学习效果。在品牌宣传方面，积极选树先进典型，营造学先进、争先进、当先进的浓厚氛围，加强党员先进典型、先进事迹的宣传，讲好品牌故事，唱响品牌赞歌。工作中可积极开展诸如"月度之星""季度之星""年度之星"等评比活动，在宣传栏中用张贴个人照片、事迹简介等方式加大宣传力度，同时可以将评选出的典型人物的事迹辑印成册，发给每个党支部，在展示厅进行展示。此外，通过开展劳动大竞赛、技能大比武、技术大创新等"十大竞赛"活动，要求党员积极参与，做好"三个带头"（在劳动大竞赛中带头建功立业，至少做出一件值得普通职工学习称赞的事迹；在技术大比武中带头开展技术创新，至少有一项令人信服的创新成果；在全员大献策中带头献计献策，至少提出三条合理化建议等）。根据群众打分，评选出"十大标兵""十面旗帜""十大女杰"，之后在单位召开先进事迹报告会和演讲会，大力宣传"十大标兵""十面旗帜"等的事迹，营造浓厚的宣传氛围，扩大党员和党建品牌的社会影响力和社会认同度，努力提高品牌的美誉度，努力打造"党支部有组织力、党员有带动力、广大职工有生机活力"的特色品牌支部，夯实根底、厚植根脉，引领企业健康发展。

三、党建品牌能够更好地发挥基层党组织的战斗堡垒作用

党建品牌建设紧紧围绕基层党支部开展，通过党支部建设，不断提高党员的各种素质要求，以班组建设进基层为基本形式，实现对广大企业职工的引领和组织作用，将党组织内嵌到企业生产、经营之中。

党建品牌建设就是要发挥基层党组织的作用，组织职工投入生产。党建品牌能够促进企业生产发展、经营质量提高和服务水平全面提升，从根本上讲就是发挥党组织的作用。基层党组织在党建品牌中不是摆设，它能够依靠组织的优势力量，把企业职工凝聚起来，共同

投入到生产之中。

党建品牌建设就是要引导企业职工和党员争先创优，增产增效。党建品牌作为党组织各项党建工作的梳理提炼、有机整合和提高升华，引导党员干部将个人的发展和追求自觉融入党组织的建设和发展大局中，不仅体现着一个党组织内部全体党员的工作状态和精神风貌，更能反映该党组织的政治觉悟和实践特色，体现全体党员和相关群众发自内心的对党组织的认可和支持。基层党组织带领党员群众在打造和创建党建品牌的过程中，明确目标、凝聚共识、提炼经验、提升层次的过程就是支部不断提升影响力和号召力的过程，就是支部工作通过长期实践，逐步为党员和群众所接受，从而不断提升组织力的过程。

四、党建品牌能够凝聚党建文化，发挥对企业党建文化的宣传作用

从根本意义上讲，党建品牌就是对企业党建文化的集中提炼，展示企业党建的核心价值与精神内涵，从而对企业内生产经营发挥文化育人的作用，而对外则集中展示党的组织力和引领力，达到宣传企业党建文化的效果。

党建品牌的主旨就是一种价值追求和企业目标理念的表达。这种表达深刻地表现了企业的经营理念和固有的企业文化，党建品牌就是一种企业经营理念的展示。

党建品牌所提炼和概括出来的党建品牌体系就是企业文化的一种展示。企业的党建是一种高层次的文化，其中蕴含着政治文化、社会文化等。企业对党员、职工的培训、培养、关怀和帮扶，就是企业人文性的最直观的表现。

五、党建品牌将发挥企业生产经营中的管理作用

党建品牌建设的目的就是实现党建与生产经营的融合，而融入生产经营的方式就是对通过企业生产经营管理模式的嵌入，使基层党组织和党员充分参与到企业生产经营管理之中。其具体表现为以基层党组织为依托，通过党支部书记、党支部委员和党员的先进性，更好地引导全体企业职工积极投入生产。

党建品牌对企业管理作用就是通过对党组织、党员先进性的发挥对企业职工起到激励作用。党建品牌的关键点在于党组织和党员组织和引领生产和经营。这种组织和引领作用的先进性的主要表现：一是带队伍，由党员带队伍，为职工树立榜样，激发他们的生产积极性，比如"党员个人先进工作室""党员先进示范岗"都具有这样的作用；二是为企业职工的生产、经营和服务提供各种保障，让他们体会到党组织的温暖，对职工起到鼓舞作用。

党建品牌对企业的管理作用还体现在基层党组织和党员必须担负的职责中。党建品牌之所以能够产生实际效果，能够落地，是因为基层党组织和党员能够在所在企业的生产经营中担负起自己的职责。实际上在企业生产经营中党支部的负责制，以及党支部书记、党支部委员和党员的负责制都构成了这种约束机制，形成了一种管理模式。

党建品牌对企业的管理作用也体现在对党建品牌实施的考核机制之中。党建品牌在实际操作中为了确保生产、经营和服务目标的实现是有着明确而又严格的考核机制的。在具体实施中，对党员所负责的岗位和责任区，都有着明确的规定，而且这种考核都是与企业的管理绩效相挂钩的，而且对党员和党组织本身的考核比一般职工更加严格。

第二章　国企党建品牌的载体

党建品牌载体就是开展党建品牌建设的平台和形式，依靠这种方式实现党建与生产、经营和服务的各种融合。整个载体形式围绕支部建设而展开，诸如主题实践、党员教育管理、党员示范岗和创新创效岗等。

第一节　支部建设的基本要求

开展党建品牌建设主要围绕党支部建设展开，过硬党支部建设的内容主要包括政治、思想、作风、纪律、组织建设，并将制度建设贯穿其中。

党支部建设的基本内容主要有以下几个方面。

一、政治思想过硬

1. 政治信仰坚定。遵守党章，坚持"不忘初心、牢记使命"，深入学习贯彻党的十九大精神和习近平新时代中国特色社会主义思想。坚定政治定力和理想信念，牢记宗旨性质。站稳政治立场，在党言党、在党忧党、在党为党，践行全心全意为人民服务的根本宗旨。

2. 坚持党的政治领导。树牢"四个意识",坚定"四个自信",做到"两个维护",引导全体党员在思想上政治上行动上同以习近平同志为核心的党中央保持高度一致。

3. 落实意识形态工作。强化理论武装,筑牢精神之基,用习近平新时代中国特色社会主义思想武装头脑,增强政治认同、思想认同、理论认同、情感认同。树立正确的价值观,增强文化软实力,培育和践行社会主义核心价值观,建设社会主义精神文明。将意识形态工作列入党支部组织生活会、抓党建工作述职评议等重要内容。

4. 强化政治导向。始终坚持党的领导,坚决贯彻执行党的路线方针政策,认真落实党中央关于推进国有企业改革发展的决策部署。认真贯彻上级党委会议文件精神,做好学习传达、研究谋划、动员部署等工作。

5. 增强政治功能。贯彻落实新时代党的组织路线,强化政治属性和政治功能,履行直接教育党员、管理党员、监督党员和组织群众、宣传群众、凝聚群众、服务群众的职责,发挥战斗堡垒作用。

二、组织建设过硬

1. 组织设置科学。党支部设置符合规定,程序规范,实现全覆盖,同步设置、同步调整、同步配备党组织负责人。合理设置党小组,将党小组建立在班组上,逐步消灭党员空白班组。

2. 班子建设过硬。严格执行党内各项工作制度,支部委员配备齐全、分工合理,党支部书记素质能力、党龄、学历等符合规定。

3. 组织生活规范。严肃党内政治生活,"三会一课"、主题党日、组织生活会、民主评议党员、谈心谈话等组织生活定期召开,时间、程序、会议记录等工作规范,富有实效。

4. 任务履行到位。严格执行党中央、上级党组织及本党支部的决议。加强党员教育、管理、监督和服务等工作。按照发展党员五个阶段二十五步流程，做好发展党员工作。实事求是对党的建设、党的工作提出意见建议，及时向上级党组织报告重要情况。按照规定，向党员、群众通报党的工作情况，公开党内有关事务。抓好党费收缴、管理和使用工作。

5. 抓好阵地建设。建立党员活动室，做到"七有七上墙"，即有活动室标志、党旗、党报党刊、学习园地、活动设施、使用管理制度、活动记录。党的知识、党内制度、党员形象、党支部工作计划、党员学习体会、党务公开、党内竞赛考核情况上墙。

三、纪律作风过硬

党支部通过强化党员教育管理，实现党员组织纪律作风过硬，主要内容包括严明政治纪律、政治规矩，坚持"五个必须"，营造良好政治生态、政治本色清廉和发扬民主等。

1. 严明政治纪律和政治规矩。严格执行《中国共产党纪律处分条例》，守纪律、讲规矩，对党忠诚，始终将纪律和规矩挺在前面。

2. 坚持"五个必须"。必须维护党中央权威，必须维护党的团结，必须遵循组织程序，必须服从组织决定，必须管好领导干部亲属和身边工作人员，杜绝"七个有之"问题（即：搞任人唯亲、排斥异己的有之；搞团团伙伙、拉帮结派的有之；搞匿名诬告、制造谣言的有之；搞收买人心、拉动选票的有之；搞封官许愿、弹冠相庆的有之；搞自行其是、阳奉阴违的有之；搞尾大不掉、妄议中央也有之）。

3. 营造风清气正的良好政治生态。树立忠诚老实、公道正派、实事求是、清正廉洁等价值观。风清气正，同志关系清清爽爽、上下级关系规规矩矩。发扬革命文化，传承红色基因，弘扬革命精神。

4. 政治本色清正廉洁。严格遵守"中央八项规定"，遵守《中国共产党廉洁自律准则》，坚定不移纠"四风"，培育良好作风，推进全面从严治党落实落地。

5. 充分发扬民主。严格落实民主集中制制度，保证重大问题集体研究，确保依法合规按程序执行。

四、融入发展过硬

1. 融合发展力强。树立"抓好党建是最大政绩，推动发展是第一要务"思想，发挥党组织"把方向、管大局、保落实"作用，用党建驱动、引领改革创新发展，崇尚实干，把精力和心思用在稳增长、促改革、调结构、保稳定上。

2. 政治引领力强。坚持将党建工作嵌入治理结构、融入生产经营，把党建活力转化为发展动力，把党建优势转化为发展优势，做到党的政治建设与各项业务工作特别是中心工作紧密结合、相互促进。

3. 服务保障力强。党建工作融入中心、服务大局、进入管理、推动发展。围绕企业生产经营开展工作，服务改革发展、凝聚职工群众、建设企业文化、创造一流业绩。

4. 驱动发展力强。聚焦动能转换、高质量发展重点任务，发挥强根铸魂、凝聚人心、鼓舞士气优势，以抓党建工作突破项目为引领，实现党建工作与企业发展深度嵌入、广度融合。

五、担当作为过硬

1. 完成安全生产经营任务。充分发挥党组织战斗堡垒和党员先锋模范作用，按时完成企业下达的年度、季度和月度的生产、经营、成本指标及其他各项工作任务。

2. 推动重点任务按时完成。围绕一系列重点工作任务，抓好责任落实，积极破解重点难点问题，确保按时保质完成工作任务目标。

3. 形势任务教育凝心聚力。加强形势任务教育，在广大党员干部和职工群众中逐步养成"聚焦重点、攻坚落地"的责任感、"忠诚企业、热爱企业"的归属感、"生命至上、安全第一"的使命感、"创新光荣、创效有功"的荣誉感。

4. 创新工作推进有力。以党建创新工作室为载体，聚焦发展关键问题和制约瓶颈，发挥党员创新先进作用，推进企业高质量发展。

5. 和谐稳定工作富有成效。做细一人一事的思想政治工作，强化人文关怀和心理疏导，超前做好舆情防控，扎实做好企业和谐稳定工作。

六、服务群众过硬

1. 密切联系群众。及时向职工群众宣传党的政策，经常深入群众了解问题、倾听诉求，维护职工群众的正当权利和利益，做好职工群众的思想政治工作，凝聚广大职工群众的智慧和力量。

2. 保障安全生产。党建带群建，群建组织和工作机制健全，劳动竞赛和群众性安全隐患排查活动正常推进。

3. 坚持民主管理。发扬民主，民管维权制度健全，按规定召开职代会或职工大会。完善厂务公开、工资集体协商、劳动争议调解等制度。

4. 实施精准帮扶。积极开展精准帮扶和送温暖活动，关心职工的思想和生活。建立党员志愿服务群众机制，创新党员结对帮带方式，在密切党群关系中增强党组织服务力、凝聚力。

5. 完善服务制度。推行党委书记和党员联系书、民情日记、谈心谈话等制度，完善各类服务保障制度，增强职工群众的获得感、幸福感、安全感。

第二节　党员队伍建设的基本要求与内容

党员教育管理主要依据《党章》《党员教育管理条例》进行，下面对于党员教育管理的几个建设点进行列举。这些都是在党建品牌建设中的基本内容和要求。

一、提升党员六强标准

（一）政治力强

1. 坚决树牢"四个意识"，坚定"四个自信"，做到"两个维护"，争做对党忠诚的标杆、维护大局的标杆、团结高效的标杆、担当奉献的标杆。

2. 认真学习贯彻党的十九大精神和习近平新时代中国特色社会主义思想及上级一系列会议文件精神，始终在政治上、思想上、行动上同以习近平同志为核心的党中央保持高度一致。

3. 铭记初心使命，坚定理想信念，自觉践行社会主义核心价值观，原则问题旗帜鲜明，关键时刻明辨真伪，具有较强的政治敏锐性和政治鉴别力，始终做到守土有责、守土负责、守土尽责。

（二）担当力强

1. 坚持以身作则，爱岗敬业、诚实正直，具有强烈的事业心、使命感、责任感。

2. 发挥先锋模范带头作用，立足岗位、担当作为，高效优质地完成各项任务目标。

3. 围绕中心，真抓实干，在急难险重任务中当先锋、打头阵、挑重担。

4. 严格落实生产质量和安全生产。

（三）执行力强

1. 自觉遵守党章、党纪和法律法规，认真执行党的决议、决定，积极完成组织分配的工作。

2. 坚持依法合规按程序执行，具有高效落实的服从意识和执行能力。

3. 勇于担责、狠抓落实，不折不扣地保证各项工作及时落地、限时复命、限时办结。

（四）学习力强

1. 自觉树立"本领恐慌"的危机感、紧迫感，主动学习新理论、新知识、新技能，争做"学习型党员"。

2. 认真开展"六个反思"，自觉崇尚先进、对标对表，着力提升"六种能力"。

3. 坚持向书本学习、向实践学习、向职工学习，有较高的理论素养和学习成果，善于理论联系实际、学以致用，推动工作落地见效。

（五）廉洁力强

1. 坚持"说老实话、做正派人、干实在事"，公道正派、公平公正。

2. 严肃落实国有企业领导干部廉洁自律规定，遵守《中国共产党纪律处分条例》《中国共产党廉洁自律准则》，始终将纪律和规矩挺在前面。

3. 按照"一岗双责"要求，自觉承担党风廉政建设责任，守住底线不越红线。

4. 严格遵守"中央八项规定"，坚定不移纠"四风"，力戒形式主义和官僚主义等各种不正之风，自觉接受组织和群众监管。

5. 加强作风建设，主动担当作为，树立良好形象，狠抓工作落实。

6. 坚持"以人民为中心""人民至上"，牢记全心全意为职工群众服务宗旨，密切联系群众，讲团结、顾大局，有较高群众威信。

（六）创新力强

1. 善于对标学习，善于找短板和差距，培育自身创新意识和能力。

2. 围绕重点工作任务，勇于突破、善于创新，切实推出一批高质量研究成果。

3. 坚持问题导向，积极深入一线开展调查研究，及时破解一系列制约发展的技术瓶颈和关键难题。

4. 聚焦创新成果推广应用、落地转化，确保见行见效，助推企业高质量发展。

二、增强党员党性

党员党性是发挥党员先进性的根本保障和体现。党员党性的体现也是增强党员党性的基本途径。

（一）讲政治、有信念

1. 始终不忘入党初心，谨记党员身份，履行为党工作的第一职责，始终坚定理想信念，对党绝对忠诚，大是大非面前旗帜鲜明讲政治，不发表违背中央决定的言论，不当"两面人"。

2. 自觉树牢"四个意识"，坚定"四个自信"，做到"两个维护"，切实在政治上思想上行动上同以习近平同志为核心的党中央保持高度一致。

3. 认真学习十九大精神，学习党章党规，学习习近平新时代中国特色社会主义思想，用新理论、新思想武装头脑，指导行动。

4. 坚定政治定力，坚决贯彻执行党的路线方针政策。认真贯彻党中央和上级党组织各项决策决议。

5. 严格按要求参加组织生活，足额按时缴纳党费。

（二）讲规矩、有纪律

1. 遵守政治纪律和组织纪律，保持政治敏锐性和鉴别力，服从组织决定，不欺瞒组织，不搞团团伙伙，不搞江湖文化、圈子文化、码头文化。

2. 遵守工作纪律，严格遵守企业规章制度，按程序、按规矩、按制度、按标准办事，力戒形式主义、官僚主义。

3. 遵守廉洁纪律，严格执行中央八项规定，严肃落实国有企业领导干部廉洁自律规定，遵守《中国共产党纪律处分条例》《中国共产党廉洁自律准则》，坚持"五个必须"，杜绝"七个有之"问题。

4. 牢固树立"以人民为中心"的思想，密切联系群众，全心全意为人民服务，保障群众的权利和利益，职工群众信得过。

5. 遵守生活纪律，带头遵守公序良俗，生活作风严谨。

（三）讲道德、有品行

1. 带头践行社会主义核心价值观，讲修养、讲诚信、讲廉耻，弘扬社会正能量。

2. 遵守社会公德，遵守公共秩序，爱护公共财物，保护自然生态环境。

3. 守职业道德，自觉践行职业操守，坚守道德底线，干一行、爱一行、专一行。

4. 弘扬家庭美德，传承优秀家规家训家风，讲孝道、重和睦。

5. 注重个人品德，说真心话、做正派人、干实在事，胸襟坦荡，光明磊落。

（四）讲奉献、有作为

1. 围绕企业重点攻坚任务和制约高质量发展的瓶颈，主动认领任务，担当生产和市场公关，积极深入生产和经营一线调查研究，实施创新项目攻关。

2. 讲团结、顾大局，对积极要求进步的同志发挥好"传帮带"作用。

3. 立足岗位开拓创新、甘于奉献、勇于改革。特别在遇到急难险重和突发事件时，敢于亮身份、亮承诺，起到模范带头作用。

4. 围绕企业新旧动能转换，想思路、谋实策、出真招，展现新担当、新作为。

5. 带头学习政治理论、专业技术、企业管理等相关知识，着力提升"六种能力"。

第三节　主题实践载体

主题实践活动是根据中央、企业党委的部署安排，或者依据本单位年度中心工作确定的年度党建主题工作，进行的实践活动。在工作中，要严格按照上级部署要求，做到"规定动作不走样，自选动作有特色"。

在具体开展过程中，基层党组织应在党员教育管理中，有目的、有领导、有计划地组织党员结合行业特点和本单位的工作实际，围绕改革开放和经济建设开展一系列旨在增强党员精神文明建设的各种党内活动。党员主题实践活动将党员管理教育的内容、原则、方法融为一体，为党员发挥先锋模范作用提供了广阔的舞台，在党员管理教育和经济建设之间架起了一座桥梁。这些主题活动的开展在社会上引起了广泛反响，受到广大群众和社会各界的普遍赞誉。

一、明确开展实践活动的内容

（一）结合主题内容，各个党支部可以开展多种形式的教育实践活动。包括群众路线教育实践活动，"三严三实"专题教育，"两学一做"学习教育，"不忘初心、牢记使命"实践教育活动，开展四史教育实践活动等。

（二）开展"三严三实"专题教育活动，就是既严以修身、严以用权、严以律己；又谋事要实、创业要实、做人要实。具体落实活动有：开展党性教育实践；党员干部警示教育实践；党员批评与自我批评、互评教育实践；党员创业创新大赛实践；党员示范实践；党员真抓实干实践等。

（三）"两学一做"学习教育，指的是"学党章党规、学系列讲话，做合格党员"学习教育。学党章党规是落实党章关于加强党员教育管理要求、面向全体党员深化党内教育的重要实践，是加强党的思想政治建设的重要部署。学系列讲话，是着眼加强理论武装、统一思想行动，认真学习习近平总书记一系列重要讲话的丰富内涵和核心要义，深入领会贯穿其中的马克思主义立场观点方法。做合格党员，是着眼党和国家事业的新发展对党员的新要求，坚持以知促行，做讲政治、有信念，讲规矩、有纪律，讲道德、有品行，讲奉献、有作为的合格党员。主题实践内容主要有：围绕专题学习讨论；创新方式讲党课；召开党支部专题组织生活会；开展民主评议党员；立足岗位作贡献；领导机关领导干部作表率。

（四）开展"不忘初心、牢记使命"主题教育实践活动，是用习近平新时代中国特色社会主义思想武装全党的迫切需要，是推进新时代党的建设的迫切需要，是保持党同人民群众血肉联系的迫切需要，是实现党的十九大确定的目标任务的迫切需要。其总要求是"守初心、担使命，找差距、抓落实"。守初心，就是要牢记全心全意为人民服务的根本宗旨，以坚定的理想信念坚守初心，牢记人民对美好生活的向往就是我们的奋斗目标。担使命，就是要牢记我们党肩负的实现中华民族伟大复兴的历史使命，勇于担当负责，积极主动作为，保持斗争精神，敢于直面风险挑战。找差距，就是要对照习近平新时代中国特色社会主义思想和党中央决策部署，对照党章党规，对照人民群众新期待，对照先进典型、身边榜样，坚持高标准、严要求，有的放矢进行整改。抓落实，就是要把习近平新时代中国特色社会主义思想转化为推进改革发展稳定和党的建设各项工作的实际行动，把初心使命变成党员干部锐意进取、开拓创新的精气神和埋头苦干、真抓实干的自觉行动，力戒形式主义、官僚主义，推动党的路线方针政策落地生根，推动解决人民群众反映强烈的突出问题，不断增强人民群众获得感、幸福感、安全感。

实践活动的目标。理论学习有收获，重点是教育引导广大党员干部在原有学习的基础上取得新进步，加深对习近平新时代中国特色社会主义思想和党中央大政方针的理解，提高运用党的创新理论指导实践、推动工作的能力。思想政治受洗礼，重点是教育引导广大党员干部坚定对马克思主义的信仰、对中国特色社会主义的信念，传承红色基因，增强"四个意识"、坚定"四个自信"、做到"两个维护"，自觉在思想上政治上行动上同党中央保持高度一致，始终忠诚于党、忠诚于人民、忠诚于马克思主义。干事创业敢担当，重点是教育引导广大党员干部以强烈的政治责任感和历史使命感，保持只争朝夕、奋发有为的奋斗姿态和越是艰险越向前的斗争精神，以钉钉子精神抓工作落实，努力创造经得起实践、人民、历史检验的实绩。为民服务解难题，重点是教育引导广大党员干部坚守人民立场，树立以人民为中心的发展理念，增进同人民群众的感情，自觉同人民想在一起、干在一起，着力解决群众的操心事、烦心事，以为民谋利、为民尽责的实际成效取信于民。清正廉洁作表率，重点是教育引导广大党员干部保持为民务实清廉的政治本色，自觉同特权思想和特权现象作斗争，坚决预防和反对腐败，清清白白为官、干干净净做事、老老实实做人。

实践活动的方法步骤。把学习教育、调查研究、检视问题、整改落实贯穿主题教育全过程，努力取得最好成效。要强化理论武装，深入开展革命传统教育、形势政策教育、先进典型教育和警示教育，聚焦解决思想根子问题，自觉对标对表，增强学习教育针对性、实效性、感染力。要教育引导广大党员干部了解民情、掌握实情，搞清楚问题是什么、症结在哪里，拿出破解难题的实招、硬招。要教育党员干部以刀刃向内的自我革命精神，广泛听取意见，认真检视反思，把问题找实、把根源挖深，明确努力方向和改进措施，切实把问题解决好。要把"改"字贯穿始终，立查立改、即知即改，能够当下改的，明确时限和要求，按期整改到位；一时解决不了的，要盯住不放，通过不断深化认识、增强自觉，明确阶段目标，持续整改。各地区各部门各单位要有针对性地列出需要整治的突出问题，进行集中治理。专项整治情况要以适当方式向党员干部群众进行通报，对专项整治中发现的违纪违法问题，要严肃查处。

（五）开展四史教育实践活动。为了增强全党不忘初心、牢记使命，坚定理想信念，从党的发展历史和奋斗历程中不断把握规律，从而坚持和发展中国特色社会主义、把党和国家各项事业继续推向前进。开展四史教育就是要学习党史、新中国史、改革开放史和社会主义发展史，在学习中不断增强历史意识，努力学会历史思维，自觉培养历史眼光，加强党的思想理论建设、提高全党思想政治素质，坚定对党的历史和新中国社会主义历史的自信，进而坚定对党和党所领导的事业的自信，才能在坚持和发展中国特色社会主义、实现中华民族伟大复兴的历史进程中，知所从来、明其所趋，继往开来、坚定前行。

二、抓好党员主题教育实践活动的四个环节

定期开展党员主题教育实践活动是国企党建工作的重要抓手和关键部分。根据中央的部署以及企业工作实际情况来集中开展党员主题教育活动有利于提升党员干部的党性修养和思想觉悟，敦促党员干部牢记初心使命，激发工作的主动性、积极性和创造性，从而更好地服务于企业发展的需要。具体而言，抓好党员主题教育实践活动，包括党员教育、加强管理、紧扣主题、抓好骨干四个关键环节。

（一）搞好党员教育

始终注重紧密结合党所面临的任务和形势的需要不断加强党员教育是中国共产党成立百年来发展壮大的重要法宝之一。党的十八大以来，党中央相继组织开展了党的群众路线教育实践活动、"三严三实"专题教育活动、"两学一做"学习教育活动和"不忘初心、牢记使命"主题教育活动，取得了显著的成效和良好的社会效果。其中，加强党员教育，注重思想建党和理论强党是贯穿于十八大以来历次党内主题教育的一条主线。因此，在国企党建工作层面，开展党员主题教育实践活动应紧扣搞好党员教育这一核心主题和关键环节。为此，第一，应注重理论武装，强化党员思想教育。以党的十八大以来历次党内集中教育活动的主要内容和经验启示、习近平新时代中国特色社会主义思想、党的十九大以及历次中央全会的精神等为主要教育内容来开展党员教育，确保党的最新理论成果的学习和普及，并及时转化为党员的自觉行动。第二，创新教育载体和媒介，实现教育形式多元化。开展党员教育离不开教育媒介和教育载体，丰富多元的教育形式能够提升教育实效，达到事半功倍的效果。因此，在开展党员主题教育实践活动过程中，应以教育形式多元化为基本原则，创新教育实践活动的载体和媒介。在原有的会议宣讲、文本学习外，应充分利用互联网这一优势，开展党员线上知识竞赛评比、网络视频观看学习、外部教育资源共享学习等活动来丰富党员教育的形式。同时，应做好现场教育工作。通过组织参观红色教育基地、展览馆等体验式活动来丰富党员的思想认知，厚植共产党员的责任感和使命感。

（二）加强管理

党员主题教育实践活动作为加强党内集中教育和党员管理的重要环节，注重政治性、实效性、科学性是开展实践活动所应遵循的基本原则。因此，作为国企党建的重要组成部分，开展党员主题教育实践活动应制定明确的目标、加强活动过程管理、建立健全考核评比机制、完善内容形式，从而切实提升活动实效，实现主题教育活动的科学化、规范化、制度化。为此，第一，应依据企业发展实际和党员队伍整体情况制定科学合理的活动目标。党员主题教育实践活动作为加强思想建党、理论强党的重要抓手，定期开展活动的目的在于不断强化党员的党性觉悟，提醒党员时刻注意自身的言行举止，不断规范和纠正自身存在的不良思想动机和行为方式，从而达到党员党性修养与党的先进性时刻保持高度一致的效果，进而更好地服务于企业中心任务发展的需要。第二，依据主题教育实践活动开展的具体情况和效果建立健全考核评价指标体系。科学合理考核评价指标体系有利于准确、及时地反映党员主题教育实践活动开展的成效和不足之处，可以进一步督促党员端正学习态度，提高政治站位，查办自身存在的不足之处并改正，从而达到以评促进、以评促改的效果。因此，党员主题教育实践活动的考核评比体系应设计相关评比活动、知识竞赛和指标分数等内容，从而对党员参加实践活动的情况进行及时反馈。第三，丰富主题教育实践活动的内容与形式，强化活动效果。开展党员主题教育实践活动应坚持内容形式科学化、多元化为基本原则，在开展过程中采取学原著悟原理、党课大讲堂、参观红色基地、举办党课培训班等多种内容和形式来激发党员参与的积极性和主动性。

（三）紧扣主题

活动主题是开展党员教育实践活动的重要遵循，主题教育实践活动的目标、任务、形式、内容等要素都是围绕活动主题所展开的。在国企党建层面，开展党员主题实践教育活动应围绕国家发展大势和企业实际工作情况来确定科学合理的活动主题，从而确保主题教育实践活动的开展有目标、有方向、有效果，确保主题教育实践活动提质增效，产生良好的教育效果和社会效果。因此，在开展党员教育实践活动中，第一，应坚持"一活动一主题"的设计原则，活动主题的设定应坚持实践性、科学性、动态性、创新性的原则，具体应围绕党中央相关会议精神、国家和社会发展实际情况、企业实际工作中的薄弱环节、企业工作的特色、党员队伍的整体思想行动状况等因素来科学确定活动主题，确保党员主题教育实践活动融入企业发展的中心工作任务中去，达到党建工作与企业发展互融共促的良好效果。第二，在确定活动主题的过程中，应坚持民主磋商、吸收借鉴的思维理路，将以往主题教育活动和其他单位的好经验、好做法予以充分借鉴和讨论，在此过程中充分发扬民主作风，鼓励和引导党员干部畅所欲言，从而确定科学合理的活动主题。

（四）抓好骨干

党员干部作为一个单位或企业中的"关键少数"，对内起到带头和引导的作用，对外展现着企业的形象。对此，习近平总书记深刻指出："要做班子的带头人，'羊群走路靠头羊，'带头人关键是'带头'二字。"因此，在开展党员主题教育实践活动过程中，应注重党员干部在主题实践活动中的表率和示范作用，坚持以树立典型、正面引导为主，通过抓好领导骨干队伍来带动和引导其他党员积极参与到主题教育活动中来。为此，第一，应以严的要求、严的纪律、严的标准来规范领导骨干在参与党员主题教育实践活动中的具体行动，增强党员干部的理论修养和党性修养，激发其使命感和责任感，从而树立良好的标杆形象。第二，在抓好领导骨干的同时，还应重视党员在活动中的自我教育，注意发挥党员的主观能动性，使活动成为党员自觉参与、自我教育、自我管理的过程，使内容和目标寓于知识性、趣味性、形象化的活动之中。开展党员主题教育实践活动不是单向度地将党的最新理论成果向党员进行填鸭式的硬性灌输，而是要充分注重党员参与的积极性和主动性，通过党员交流研讨、党员讲党课、谈心得等多种方式来提升党员参与的热情和动力。从而确保主题教育实践活动走深走实、入脑入心。

三、形成开展主题实践活动的制度保障

制度问题更具有根本性、稳定性、全局性和长期性。对此，习近平总书记指出："要坚持用制度管权管事管人。"因此，主题教育实践活动作为新时代推进全面从严治党、加强党的自身建设的重要环节，以制度的刚性约束力来规范其活动的开展和实施，确保主题教育实践活动规范化、科学化开展，是提升主题教育活动实效性的重要保障。具体而言，依据党员主题教育实践活动开展的目标、主题、形式载体、考评机制等内容，党员主题教育实践活动的制度保障具体包括：党支部书记负责制、党支部委员责任制、党员落实制、主题实践活动的目标责任制、群众反馈监督制度五个方面。

（一）党支部书记负责制

支部书记作为支部活动的主要负责人和第一责任人，负责支部的全面工作。因此，在开展党员主题教育实践活动中，支部书记负有主要领导职责。具体而言，在活动开展过程中，党支部书记应在统筹工作大局、认真贯彻落实上级的部署安排的基础上，负责组织和制定党员主题教育实践活动的工作计划、规章制度以及具体的实施方案。在此过程中，支部书记应带头贯彻落实民主集中制，充分发扬党内民主，充分发挥支部成员的智慧和积极性，并做好领导监督检查、考核评价等工作。此外，在此过程中，支部书记应及时地向上级党组织和党员大会汇报党员教育实践活动开展的具体情况，并将上级党组织的反馈意见及时准确地传达给支部党员。同时，对于党支部书记的工作具体情况，支部党员应积极开展党内民主监督，监督支部书记的实际工作情况，从而敦促支部书记认真履行各项工作职责。

（二）党支部委员责任制

党支部委员作为支部主要成员，实行集体领导，依据支部工作需要以及相关党内法规文件，党支部委员一般分设为支部书记、纪检委

员、组织委员、宣传委员等。因此，在开展党员主题教育实践活动过程中，党支部各委员应依据各自的职责承担好各自分工。具体而言，除党支部书记负责党员主题教育实践活动中的全面工作外，纪检委员主要负责监督检查活动开展过程中党员的具体落实情况，协助制定保障活动开展的具体制度，并及时传达贯彻上级关于党风廉政建设的指示安排。同时，纪检委员应经常听取群众对于主题活动开展情况的反馈意见和建议，并将相关情况及时向上级反馈。组织委员应负责协助好支部书记制定和落实活动开展的具体计划。同时，在活动开展之前，负责召集、组织和安排好相关的参加人员、活动场地等；在活动开展过程中，应根据实际情况对活动方案和计划进行适时的调整和规划。宣传委员应主要负责主题教育实践活动的前期宣传工作，协助好支部书记抓好支部党员的理论学习、党课教育等工作，同时将上级的决策部署及时地向支部成员传达。

（三）党员落实制

党员主题教育实践活动的开展最终要落实到党员个体层面，只有每个党员认真落实好党员实践活动开展的各项要求，才能确保各项教育实践活动真正落到实处、走深走实。因此，应建立健全确保党员落实各项具体制度。第一，建立党员公开承诺制。在活动开展之前，要求支部党员结合自身工作实际对参与活动的所应取得效果和遵守活动的规则制度等内容做出承诺，并签订承诺书。党组织将承诺书内容及时向社会进行公布并接受监督；第二，建立党员量化积分制。对于党员参与党员主题实践活动的具体情况和考核评价结果，制定具体详细的积分表。根据党员参与实际情况，对其各项指标予以量化评分，从而直观准确地反映党员落实的具体情况，从而起到督促、激励的效果。第三，建立党员奉献服务制。开展党员主题教育实践活动的最终目的在于加强党员的党性修养和理论武装，将理论学习内化为党员的行动实际，从而更好地服务于国家、社会和群众的需要。因此，应强化党员的服务意识，号召党员将在教育实践活动中的所学所想落实到服务企业发展、群众需要的层面上来，从而达到理论与实践相结合的良好社会效果和社会效应。

（四）主题实践活动的目标责任制

目标责任制是督促党员落实活动要求、激发其积极性和主动性的重要制度安排。建立主题教育实践活动的目标责任制应明确责任对象、责任内容、责任考评机制、考评办法、结果运用等内容。具体而言，建立目标责任制应首先要明确责任主体。党支部书记在活动过程中负有主要领导职责，组织委员、宣传委员、纪检委员等党支部委员负有各自职权范围内的工作职责，支部党员则按照各自的工作实际和自身思想行动情况来落实好各项活动要求。其次，应明确目标责任制的责任内容。具体包括教育实践活动的全局统筹情况、前期组织筹备情况、活动过程中实施情况和监督检查情况、活动后的考评情况等内容。各主要责任人依据各自的职责分工对所承担的责任进行明确和落实，并做好相关的考核评价工作。再次，明确目标责任制的考评办法。考评办法应在上级党组织领导下，坚持多元化、科学化的原则，具体包括党内党员自查、群众监督反馈、党组织综合评议等办法，在考评过程中，采取百分制并按照指标量化的形式进行综合考核。最后，综合运用好目标责任制的考评结果运用。将考评结果与党员的工作绩效、晋升工作相挂钩。对目标责任落实情况考核优秀者予以激励，对考评结果不合格者予以及时诫勉提醒。

（五）群众反馈监督制度

习近平总书记指出："群众的眼睛是雪亮的。党员、干部身上的问题，群众看得最清楚、最有发言权。"开展党员主题教育实践活动的最终目的还是加强党员干部的党性修养水平以便更好地为人民服务。因此，党员主题教育实践活动开展的情况如何，群众是最有发言权的。具体而言，党员主题教育实践活动的开展应坚持公开透明的原则，将活动开展的过程、方法、步骤、目标、参与人员、考核结果等内容通过多种渠道如公众号、微博客户端、宣传公开栏等及时准确地向群众进行公开。同时，采取多种群众意见反馈的方式如建立举报信箱、电话、公众号、网上邮箱等来及时接受群众的反馈意见和建议，并将群众满意度作为重要的考核标准纳入到主题教育实践活动的考核机制之中。针对群众的反馈意见，党组织应及时予以梳理、归纳和回应，将其中的合理正确的意见和建议予以采纳并纳入到党组织决策考虑之中，从而为党员主题教育实践活动的持续开展积累经验。此外，对于群众所反馈的不足之处和群众满意度不高的环节，党组织应深刻分析主题教育实践活动的不足之处，按照目标责任制的分工情况，落实到具体负责人层面，同时举一反三，及时进行整改和总结教训，确保主题教育活动的持续顺利开展。

第四节　阵地建设载体

支部建设是党支部发挥战斗堡垒作用的根本保障。党支部建设的内容主要包括政治、思想、组织、作风、纪律建设，党支部建设的形式主要围绕标准化、制度化等方式加以巩固和规范，并通过党员活动室、党建沙龙等活动形式的开展进一步体现。

一、党员活动室

党员活动室应主要围绕这样几个标准打造：一、"有人管"，即：有坚强有力的领导班子，建设服务意识强、服务作风好、服务水平高的党组织领导班子；有本领过硬的骨干队伍，培养带头服务、带领服务、带动服务的党员干部队伍。二、"有阵地"，即：有功能实用的服务场所，建设便捷服务、便利活动、便于议事的综合阵地。三、

"有经费"，即：严格落实机关党的工作经费。四、"有载体"，即：有机关"五条措施"、党委（党组）"五个主体责任"的具体内容，有党建品牌，有机关"三化"建设责任清单。五、"有活动"，即：有形式多样的活动，结合活动组织开展好组织生活会、民主评议党员、党员积分制管理、谈心谈话等活动。六、"有氛围"，即：有党旗党徽、有党报党刊、有规章制度，如党员权利、义务、"三会一课"、党费收缴、民主评议党员、党员积分等，同时，相关学习资料、会议记录建档规范、管理有序，活动场所办公、议事、培训、服务、娱乐等综合功能得到较好发挥。

二、党建工作清单

党建工作清单包括责任清单和项目清单，还有个性清单。其一，每项党建责任对应相应责任目标，明确责任落实的预期效果，从党支部书记到党员都有明确责任。其二，每个责任目标对应具体项目，每个项目再明确项目要求、责任人和完成时限。其三，还预设了"个性清单"一栏，允许并鼓励各级党委（党组）做好自选动作。

三、党建沙龙

党支部定期组织各种讲习讲座，内容主要包括党的理论知识、党史知识、安全生产经营等内容的活动。活动由党支部指定专门党员、委员和负责人共同组织筹办，每期列出主题，做到责任到人。

四、党务公开

《中国共产党党务公开条例（试行）》第11条规定，党的基层组织应当公开的内容：（一）学习贯彻党中央和上级组织决策部署，坚决维护以习近平同志为核心的党中央权威和集中统一领导情况；（二）任期工作目标、阶段性工作部署、重点工作任务及落实情况；

（三）加强思想政治工作、开展党内学习教育、组织党员教育培训、执行"三会一课"制度等情况；（四）换届选举、党组织设立、发展党员、民主评议、召开组织生活会、保障党员权利、党费收缴使用管理以及党组织自身建设等情况；（五）防止和纠正"四风"现象，联系服务党员和群众情况；（六）落实管党治党政治责任，加强党风廉政建设，对党员作出组织处理和纪律处分情况；（七）其他应当公开的党务。

五、党建之窗

党建之窗是展现党建工作成效、党组织日常活动状况以及党员干部精神风貌的重要窗口和途径。党建之窗的设置具体包括支部组织结构、党务公示、党建实务、党员理论学习、支部日常风采、党员模范代表、中央精神学习专栏、支部文件通知等组成部分。其中，每一栏目的内容应按照时效性、公开性、准确性的原则予以设计和编排。党建之窗的建设有利于激发党建活力，推动党建工作高质量发展，不断提升基层党组织的组织力和实干力，从而深入推进党建与业务深度融合发展。

六、党建对标管理

党建对标管理是党建工作精细化、标准化、具体化的重要手段，是切实解决党建工作中存在"大而化之""笼而统之"等现象的重要途径。党建工作对标管理就是通过建机制、建标准，将对标管理理念和做法引入到党建工作之中，建立一系列具体科学的工作成效指标评价体系，将党建工作任务和责任落实具体到党支部、党小组和每个党员上，并通过不定期的考核和督导来促进各项工作的落实，从而达到以评促建、以评促改的良好效果。因此，党建工作对标管理的施行有利于促进各级党组织提高政治站位，进一步提高党务工作者和基层党员的素质以及工作积极性、主动性，从而有效提升党建工作科学化水平。

七、定期主题党日

主题党日活动作为一项重要的制度安排，是指党组织和党员按照明确的组织生活主题在固定时间所开展的关于理论学习交流、谈心谈话、建言献策等党内活动的总称。定期开展主题党日活动的目的在于提高广大党员干部的理论武装有效性，增强党员党性以更好地为群众服务。主题党日活动的主题应结合所在党组织的中心工作，彰显活动的主题性和实效性，切实做到年初有计划、季度有主题、每月有安排、活动有记录、工作有总结。同时，在主题党日活动具体开展过程中，要保证过程有监督、效果有保障，党员受启发。定期每月召开的丰富且富有成效的主题党日活动，有利于加强和规范党内政治生活，进一步净化党内作风和政治生态，促使党员提升政治意识和主人翁意识，增强党的组织生活活力。

八、党员活动室

党员活动室是推进党支部标准化建设和提升党建工作成效的重要载体和活动场域。党员活动室是党组织开展党内活动、培训党员、会议学习、传授知识的重要场所。党员活动室的设置应遵循"统筹设计、规范实用、成本节约"的设计原则，按照"高标准建设、规范化管理、经常性活动"的目标要求来进行打造和设计。具体来讲，党员活动室的硬件设施应包括党建品牌标识、办公家具、电教设备、学习资料、宣誓墙、党务公开栏、党建宣传栏、组织架构图等，并应配备明确的管理人员和明确具体的管理制度。党员活动室的建立，有利于确保党支部标准化建设的推进，为党员的日常管理、教育和学习提供活动载体，从而进一步增强党员的认同感和归属感，激发党员参与党建活动的积极性和主动性。

九、党小组流动红旗

党小组流动红旗的目的就是在加强党小组建设的基础上，加强主题党日活动建设，提高"三会一课"质量，丰富组织生活，提高组织建设的质量和标准，有利于党支部标准化、精准化和制度化建设。其内容包括：规定固定日期就党组织的具体活动十项进行检查，包括党员笔记、党小组活动记录、党日主题活动、"三会一课"笔记记录等，对其检查的内容开展定期评比，通过评比给予精神和物质的奖励，对于第一名的将授予红旗，定期评比，红旗不是固定的，而是流动的。

第五节　班子队伍建设载体

一、领导班子建设

领导班子和党员干部要加强理论学习。要加强党内民主集中制建设，完善党内议事规则和决策程序，建立完善集体决定、分工负责的工作机制。要发扬党内批评与自我批评的优良传统，提高领导班子解决自身问题的能力和水平。

（一）中心组学习。党委（党组）理论学习中心组学习是提高党的执政能力和执政本领的重要途径，也是党的十八大以来推进全面从严治党、凝聚全党意志、提高政治站位的重要内容。党委（党组）理论学习中心组学习应首先明确领导班子理论学习的主题、组织管理制度、纪律规范、考核和奖惩标准等方面内容。同时，开展中心组学习应坚持学习内容系统化、学习方式多元化、活动形式严肃化的学习原则，紧扣中央大政方针和习近平总书记系列重要讲话精神来开展学习活动，坚持理论联系实际的根本原则，确保通过学习促使党的各项方针政策落到实处。同时，开展中心组学习应与党性教育培训、干部自主学习、民主生活会、"三会一课"等制度相衔接、相结合。确保通过定期开展中心组学习，能够增强领导班子的学习能力和执政本领，进一步改进党内作风和政治生态，保证中央精神贯彻执行不走样不变形。

（二）"四好"领导班子。"四好"领导班子是指按照"政治素质好、经营业绩好、团结协作好、作风形象好"的原则要求以提升领导班子的领导水平和执政能力的一系列活动。建设"四好"领导班子的根本目的在于增强领导班子的政治意识、大局意识、核心意识和看齐意识，强化领导班子的作风建设和纪律建设，从而打造出有凝聚力和战斗力的坚强领导集体。"四好"领导班子建设应从班子成员和所在单位的实际情况出发，明确目标方向，找准定位，以提升班子成员的思想理论素质和业务水平为目标，建立健全相关规章制度以提供组织保障，采取多元化的活动形式来提高学习成效和质量。同时，对于领导班子建设成效和不足之处，应广泛听取群众意见和接受群众监督，从而切实找准不足之处，以利于进一步有针对性地改进。建设"四好"领导班子有利于提升领导班子的领导能力和水平，树立良好的班子形象，增强班子成员的凝聚力和战斗力。

（三）学习型领导班子。党的十九大报告指出，要建设马克思主义学习型政党，推动建设学习大国。学习型政党内在要求建设学习型领导班子，学习型领导班子是建设马克思主义学习型政党的必然表现。建设学习型领导班子旨在通过加强理论武装和学习增强领导班子的整体素质和能力，增强领导班子的集体智慧，促使领导班子成为普通党员的模范榜样，从而起到良好的带动作用。学习型领导班子建设要以增强学习意识、丰富学习内容、创新学习方式为主要原则，建立一把手带头机制、竞争激励机制、监督机制、考评机制以提供可靠的制度保障，坚持多元化、科学化的活动形式，例如，举办专题培训、开展实践调研、知识竞赛等。建设学习型领导班子，有利于推动领导干部准确把握党和国家发展大方向，提升科学应对复杂形势变化的素质能力，不折不扣地将党中央的各项政策落实到实处。

（四）创新型领导班子。领导班子作为"关键少数"，其发展思路和决策对一个单位或地区的发展具有极大的影响作用。面对百年未有之大变局，领导干部必须树立创新意识，能够在复杂多变的国际国内环境中应对各种风险与挑战。因此，当前，建设创新型领导班子势在必行。建设创新型领导班子，应以加强学习、深入调研、创新思路为主要原则，通过举办讲座论坛、研读前沿局势、开展调查研究等多种形式和方法来培养领导班子的创新思维和创新意识，训练和培养领导干部善于从多角度、全方位分析和思考问题，善于抓住发展机遇和做出科学的发展决策。通过建设创新型领导班子，有利于提升领导班子的创新精神和创新意识，促使领导班子在实际工作中不断创新工作方法和工作思路，从而促进各项事业的科学发展。

（五）支部书记讲党课。支部书记讲党课是指党员领导干部结合中央讲话精神、党内重要文件、大政方针部署，并结合党员思想和行动实际定期为基层党员讲党课，及时掌握支部成员的思想动态，从而有针对性的进行党内教育和思想改进。支部书记讲党课的内容应围绕党员普遍关心的问题，以习近平新时代中国特色社会主义思想为根本指导思想，紧密结合当下实际情况，以政策解读、问题回应、深化认识为主要目标，使支部党员更好地了解党的重要思想和决策部署的科学内涵。支部书记讲党课每年不能少于一次，可以根据实际情况制定或落实上级相关要求即可。

（六）加强领导班子思想政治建设。思想政治建设作为党的建设的重要组成部分，是管长远、管根本的建设，也是提升领导班子队伍素质水平的关键一环。加强领导班子的思想政治建设旨在提升班子成员的政治意识、大局意识、核心意识、看齐意识和领导、服务水平，从而促使领导班子成员提高政治素质，增强工作本领，从而有效克服"四大考验"和"四种危险"，保持整个党员队伍的先进性和纯洁性。加强领导班子思想政治建设应抓住理论学习武装这个根本，把中心组学习、民主生活会、"三会一课"等党内活动作为重要途径，重点聚焦于一把手、关键岗位领导干部这些"关键少数"，通过学原著、悟原理、树典型等方式方法来加强领导班子的思想政治建设。这有利于促使领导班子把握新形势和新要求，切实增强各级领导班子成员履职能力，增强领导班子的整体战斗力和生命力。

（七）做一个好书记。"火车跑得快，全靠车头带。"党支部书记作为整个班子的领头人，在言行举止方面必须以身作则、发挥好表率作用，只有这样才能带动和引领整个组织队伍经得起各种风浪考验，保持积极向上的组织作风和面貌。做一个好书记首先应做好政治上的明白人。政治立场坚定、政治方向不偏、政治素质过硬是一个好书记所应具备的基本政治素养。一个好书记，必须讲政治、顾大局，始终同以习近平同志为核心的党中央在思想上政治上行动上保持高度一致；其次，做一个好书记还应做好群众的贴心人。全心全意为人民服务是每个共产党员的终身信念和根本宗旨。支部书记作为班长，应设身处地地为群众着想，不断提升群众工作的本领。最后，做一个好书记还应做好班子的领头人。书记作为一班之长，应时时刻刻以身作则，在日常工作生活中树立先锋模范作用，自觉接受组织监督和群众监督，坚持权为民所用、情为民所系、利为民所谋。

二、党员队伍建设

党员队伍建设是党的建设的基础。党员是党联系群众的桥梁和纽带，是广大群众观察和评判党的形象的重要窗口，党员队伍的整体素质如何直接关系到党的社会基础和群众基础。党员队伍建设的形式主要有以下几种。

（一）党员学习知识竞赛日。党员学习知识竞赛是夯实党员关于党的基础理论知识、检测党员基础理论水平的重要途径。定期开展党员学习知识竞赛可以督促党员认真学习党的相关理论知识，从而提升党员队伍的整体理论素养。党员学习知识竞赛应紧密结合党的基础理论、最新理论成果、党的政策方针等内容，采取多样化的试题模式以及科学合理的激励措施，来激发广大党员参赛的积极性和主动性，同时达到以赛促学的目的。党员学习知识竞赛日可以按照每月一次的原则来进行设置和落实。通过定期举办党员学习知识竞赛日，有利于丰富和巩固党员的党建党务知识，提升党员的党性修养水平。

（二）党性知识修养日。党员的党性修养是党员个体对于党的情感认同以及自身的价值定位、道德品性、态度作风等一系列自我认知的综合呈现。党性修养不是一劳永逸、一成不变的，需要终身努力。开展党性知识修养日活动的目的就在于加强党员的自我教育、自我改造、自我完善，以保持党员队伍的先进性和纯洁性。党性知识修养日的举办应围绕加强马克思主义理论素养、党员理想信念巩固、党员宗旨意识强化、党员业务水平提升为关键，通过举办专家讲座、参观红色革命基地、读书交流会等丰富多彩的活动形式来提升党员党性修养水平。定期举办党性知识修养日活动有利于促使党员自觉运用党性原则规范自己的行为，克服和抵制各种错误思想，不断改造主观世界，达到自律与他律的统一。

（三）党员讲党课。普通党员讲党课是创新党建活动模式、提升党课学习效果的重要形式。党员作为党课学习的主体，改变以往的由领导干部、专家教授单向的授课模式，鼓励全体党员登上讲台，结合自身学习实际来分享学习心得与体会，能够提升党课教育的吸引力和党员参与积极性。党员讲党课应以说透道理和阐明主题为根本目的，坚持互动式、多样化、启发性的原则，鼓励普通党员登上讲台，根据自己的理解来讲自己的感想、谈自己的体会。其中，每位讲课的党员都应按照确定主题、查找资料、消化内容、提炼观点、确定思路、进行讲演的过程和步骤来进行讲演。通过开展党员讲党课活动，有利于增强党员参与党建活动的积极性和主动性，加深党员对于党的思想理论的理解程度，进一步推动理论与实践的相结合。

（四）党员民主评议。党员民主评议是一项重要的党内生活制度，是加强党内民主监督、提升党员素质水平的重要安排。党员民主评议旨在落实全面从严治党的要求，强化党内教育，健全党员管理机制，提高党员队伍的整体素质，增强党组织的凝聚力和战斗力。党员民主评议应坚持实事求是的原则，坚持讲道理与摆事实相结合。民主评议党员应严格按照《中国共产党廉洁自律准则》《中国共产党纪律处分条例》等党内法规文件的具体规定，主要内容包括党员是否有坚定的共产主义信念、是否贯彻执行党的基本路线方针和政策、是否维护改革大局等方面。同时，党员民主评议的具体程序应包括学习动员、自我评价、民主评议、组织考察、组织和处理等环节。开展党员民主评议，有利于广大党员查摆自身存在的问题，进一步坚定理想信念，提升党性修养，发挥好党员的先锋模范作用。

（五）党员固定活动日。党员固定活动日是加强党员教育管理、保障党员民主权利的重要创新形式。定期开展党员固定活动日活动旨在从严管理党员，严肃组织生活，促进党员发挥先锋模范作用。党员固定活动日的开展应明确具体时间、参与对象以及活动方式；活动日主要内容应坚持主题多元化的基本原则，主要可围绕理论学习日、走访群众日、民主议事日、服务群众日、民主评议日等主题具体开展。同时，在具体开展过程中应进一步明确领导责任、工作保障、活动纪律以及考核评价等问题。通过定期开展党员活动日，有利于增强广大党员和党组织的政治意识和服务意识，推进全面从严治党在基层落地生根。

第六节　党群共建载体

一、联系群众制度

联系群众制度有多种方式，是加强党的作风建设的关键内容。通过群众联系制度把党融入生产和经营的环节，同时还要发挥党支部书记、党支部委员和党员的作用，把党的先进性充分发挥出来。

1. 党支部定期召开群众座谈会或党群联谊会。基层党支部（每次座谈会可由支部书记、支部委员和党员具体负责），联系的对象是企业职工群众或党外群众，通过面对面集体座谈或个别座谈，了解职工群众关心的企业发展、职工福利，职工群众对一些生产、经营环节问题的监督，职工群众发现的党员干部问题。

2. 党支部委员和党员要建立联系群众责任制。党支部委员和党员与群众单独或集体联系，定期或不定期地了解情况，听取意见，接受群众对支部或党员个人的监督。支部在发展党员时，要广泛听取群众意见，对群众反映不良的职工，不能发展入党。及时收集群众对组织发展等各项工作的意见，主动接受群众监督，将听取的意见提交基层党支部党员会议或党支部委员会，能够处理的，形成组织意见；不能处理的，经过支部会议讨论上交上级组织或者有关纪律部门。同时建立党群联系汇报制度，把联系服务群众情况列入民主生活会，作为自我剖析的重要内容。

3. 做好接待群众工作。定期接待群众来访，党员干部特别是党员领导干部要根据各自岗位职责，定期接待群众，认真听取意见和建议。对群众反映的问题，包括信访中反映的问题，能够解决的要及时解决，受客观条件限制暂时不能解决的，要向群众做好解释工作，并协调有关方面创造条件逐步加以解决（由支部党员大会讨论或支部委员会开会讨论，最后以组织形式通过）。

4. 畅通群众表达意愿渠道。实行政务公开，逐步推行党务公开，推广群众议事等做法。公开设置意见箱、热线电话和举报电话，利用电子政务等信息网络手段，方便群众反映情况、发表意见，帮助党员做好联系和服务群众工作。对涉及多数群众切实利益的大事，要广泛征求群众意见，对群众反映的情况，要及时反馈意见。由党支部在党员个人提名报请的基础上确定联系和服务对象1至2人，联系和服务对象名单要备案，以待检查。联系非党教职工，重点是推优的人员，但也要注意联系面的广泛。

5. 参加承诺群众主题实践活动。党员要积极参加党组织开展的以服务群众为主要内容的主题实践活动。推行党员承诺，有条件的党员每年要承诺为群众办一两件实事。承诺内容要切合实际，具体可行，履行承诺的情况要自觉接受党组织和群众监督。

6. 每个党员应成为群众排忧解难的模范。群众遇到急难事情时，党员都应身体力行为群众排忧解难。要主动、及时，切实作职工的贴心人。党员要实现对群众的主动对接，了解群众的实际情况，根据情况具体解决困难问题。

7. 坚持群众对党员干部的监督。在干部考核和召开班子民主生活会时，要征求群众对班子成员的意见，征求群众对党员的意见。坚持群众对党员干部的评议制度；实施群众对党员的考核制度；实施群众对党员的打分制度。

二、工会的各项关爱活动

这种活动的做法：在工会党组织的领导下，工会将一系列工会对职工的关爱和福利活动分别下达到各个支部，以支部所在单位的职工作为关爱对象，各个支部负责组织实施。在实施过程中再把工作具体到党员。

关爱活动的形式和名称：（1）日常关爱活动："我为职工做一件事""职工需要我""一对一"爱心帮扶等。（2）特殊关爱活动："夏凉"关爱、夏季"一个防暑药包"等。（3）节日关爱活动："送温暖活动""节日必到"等。

三、民主管理

这种活动的做法：以党支部所在单位作为支部动员职工群体参与民主管理范围，具体由党员负责联系具体职工，并根据党员与职工比例数，合理分配党员联系职工的数量。设立固定日期就企业某些重大改革和发展规划，由党员收集职工对企业发展的建议，最后汇总到党支部，由党支部将职工群众意见上交党总支或党委会。

活动名称及内容：以"人人发言""企业发展，我建言""我与企业共成长""职工发展建议专题会"等活动形式开展。

四、帮扶职工成长

这种活动的做法：党支部必须明确担负起所在单位职工成长的职责，具体包括职工的思想、知识、技能和身心健康等方面，其中开展的一些学习、比赛等活动都要分工给党员，党员作为参与者、组织者积极参加各项活动。

开展帮扶活动的名称及内容：1. 健康娱乐活动：青春飞扬文体活动，员工健康管理活动。2. 学习活动：读书、安全沙龙，思政大讲堂，技能大赛，劳动竞赛等。3. 帮扶班组，一线指导活动等。

五、引导社会公益活动

这种活动的做法：党支部团结和引领群众积极参与公益事业。党支部要设立固定日期或者专门性的项目开展社会公益活动，活动过程中党员参与，并负责参与的具体职工数量，拟定每一期的参与计划和具体实施方案，以及对参与的优秀职工记录在案，作为发展党员优先考虑的对象。

开展社会公益活动的名称及内容："某某"团组织、青年志愿群、群团活动室等。

六、接待日

接待日活动的目的，就是实现对职工群众生活的帮助和关怀，使其感受到单位家的温暖。活动内容：设立特定日期为基层党支部书记或上级党组织负责人接待日，职工群众反映企业生产问题、职工的生活问题、个人问题，这些问题包括企业生产经营、生产安全、个人生活困难、企业餐饮生活、困难职工家庭生活等。由基层党支部、上级党组织或者上级党组织将问题转交给职工所在的党支部，进行党支部党员大会或支部委员会商谈，给予解决，并以党支部的名义将其解决的结果予以通知和通告。

接待日名称及内容：经理接待日、站长接待日、党支部书记接待日等。

第七节　创新创效与典型示范

创新创效是指发挥党员先进性和带动作用，实现在生产和经营中的带头作用，能够增进企业的生产和经营。这种载体形式主要有创新工作室、示范岗等。

一、党员先进个人工作室

开展党员先进工作室的名称及内容：党员创效工作岗、某某党员工作室、党员创新创效室等，以技术研发、带队伍为主。这种工作室也以党员小组的形式出现，相当于一个小的核心团队，实现技术研发和突破。

这种方式一般是由党员技术研发能手、党员模范标兵或者先进小组作为核心力量，组建技术研发或攻关队伍，规划定期的技术攻关目标，一般来讲都是半年或一年作为一个规划时间段，在这个时间段内设定技术攻关目标。在技术攻关的同时还要进行队伍培养，制定人才队伍培养计划。

二、市场开拓小组

这种市场开拓小组一般以几个党员为核心骨干力量，确定某一产品的市场推广或者针对某一区域内的市场由小组负责公关进行开拓。这种方式在产品销售、售后服务等行业常被采用。市场开拓小组由核心负责党员规划出开拓项目、计划等，制定定期的汇报工作制度以及相关激励机制。

市场开拓小组的名称及内容：市场开拓先锋队、市场开发开创小组、市场创新创效党员团队等。以市场开创为目的，党员引领和开拓。

三、工程进度党员突进队

一般来说，这种突击队的组建都是工程比较急和紧，需要加快进度，需要开展工程突击，但是在加紧工程进度的同时要保证安全。这种方式就是以党员为核心，组建的工程进度突击队。一般的组建方式就是选取一个党小组，组成突击队的核心，制定工程进度方案，加紧突击任务，由党员在施工现场全面参入，分头负责工程进度情况。

工程进度党员突进队的名称及内容：工程进度先锋小组、工程突击队、工程红旗小分队等。以工程进度和质量为目的，以党员发挥领导和突击作用为主要形式。

四、党员示范岗位

这种岗位都是为展现先进示范作用而设立的，或者为了能够传帮带。这种岗位一般都是党员本人有其熟练的技术和规范化的操作标准，从而设定专门的岗位，能够在特殊岗位上发挥市场价值、社会效应和政治功能等，同时还让其发挥出带头作用，最终能够带出一批队伍，从而增加企业的社会影响力、业界影响力，彰显政治属性。

党员示范岗位的名称及内容：党员先锋岗、党员示范岗、党员标准化岗等。核心就是以行业或岗位优秀党员的示范作用，带队伍，创新创效。

五、创建先进班组

这种先进班组一般都是一个小的团队，在生产一线或建设一线，组建由党员为核心的生产或建设班组，设定生产和建设计划，规划生产和建设目标；同时还要带班组队伍，培养生产和建设的技术能手。

创建先进班组名称和内容：生产一线班组、党员一线班组、生产安全班组、某某党员一线班组、生产一线红旗流动班组等。主要是抓生产、抓安全、要效益、要示范，实现高产高效发展。

六、党员身边无事故（包保责任区）

党员发挥先进作用，进行安全生产的承诺，制定月、季和年安全生产和建设的计划，成为安全生产和建设的模范标兵。同时带动其他职工进行安全生产。对于这种载体，一般都是设立责任指标，划定责任区域，每个党员都要负责，建立健全汇报制度，建立严格的考核制度。

党员身边无事故的名称及内容：党员安全生产责任包保区、党员安全责任岗、党员安全生产责任区、党员责任区等。以生产安全责任为基本责任，发挥党员的主体责任作用，作出安全生产承诺，确保责任区内安全无事故，发挥安全生产、建设安全的责任。

七、党员亮身份

党员在自己的岗位、车间、工地和服务台，挂上党徽，表明身份，作为一种责任意识，对岗位负责。同时党员在岗位上表明身份，也表示自己自觉接受职工群众的监督。

党员亮身份的名称或内容：党员挂牌岗、党员亮身份上岗、党员接受阶段责任岗、党员责任区、党员责任安全区，等等。内容包括：党员负责、党员表率、党员自觉接受监督。

八、支部建设进班组

把支部建设在生产或经营的一线，让党支部书记、党支部委员和党员密切联系职工，了解一线职工的所思所想，为一线职工解决实际问题，为企业的生产和经营提供组织保障。这是党加强基层党建工作的要求，也是加强员工思想政治工作，教育引导员工增强对党的认同感、感恩心，对企业的归属感的有效途径，更是促进党建工作全面落地的有效方法。

支部建设进班组名称和内容：支委进班组、党支部书记联系班组、党员教育联系点进一线、党支部保障生产建设小组、党支部对接一线等。将党支部建设与生产、经营和服务联系起来，为企业的生产、经营和服务解决生产、建设和服务中实际问题，解决职工实际问题。

九、党员榜样定期评比

这种方式就是对党员成绩进行定期考核，进行业绩和绩效方面的考核，以起到激励和示范作用。党员榜样定期评比，就是设置党员的成绩评比栏，根据党员的承诺或者企业制定的指标，由企业定期进行考核考察，依据党员考核细则，对所带的项目、所带的创新团队，负责的责任区域进行考核，最终将成绩进行公示，并依据成绩给予激励。

党员榜样定期评比名称及内容：党员榜样栏、党员激励榜、党员考核榜、党员示范榜、党员评比榜，等等。内容包括：以党员为评比的对象，定期开展对党员的岗位、公开项目等进行全面的评比，发挥激励和表率作用。

十、党小组工地流动红旗

设立党小组工地流动红旗的目的就是开展企业生产、经营比赛以竞安全争质量。其内容是将全厂或全部生产车间划分为若干个党小组为单位，由党小组所负责的生产单位，定期开展产品质量和生产安全评比活动，建立健全一套考核评价体系标准。最后以考核的结果作为标准，对于名列在前的，予以物质奖励、绩效挂钩以及设置红旗，小红旗是流动性的。

党小组工地流动红旗的名称：小组流动红旗、每月一评红旗等。

十一、党员廉政文化示范家庭

目的就是让党员在文明新风、廉政建设方面发挥带头示范作用。具体做法：制定廉政文明家庭的基本标准和内容，定期开展廉政文明家庭的评比，同时企业还组织党员职工家庭进行各种文娱活动，开展各种评比。

党员廉政文化示范家庭名称：党员示范家庭、党员文明家庭、党员好家庭、文明树新风家庭等。

十二、党员"一带二"先锋工程

通过党员"一带二"先锋工程，以带思想解疑惑、带作风、带技术和促业绩等为主要目的，增强党员的先锋意识，不断提高企业职工的思想、业务等素质，发展优秀分子成为党员。这种方式以"带思想、带作风、带技能、提业绩"为主要内容，通过党员与职工结对，确立帮扶对象，实现一带二，一带多，或者党员与党员结对，确立帮扶对象等。

党员"一带二"先锋工程名称：党员帮扶、党员结对共建、党员联系职工、党员帮扶争先创优、党员帮扶计划、先锋带队等。

十三、"党员先锋日"

设定某一天，党员进行生产和经营的示范，或者党员进行服务活动或从事公益事业，展示党员的先进性。如有的单位每月最后一个星期五为"党员先锋日"。以党支部为单位，紧密结合实际组建和完善党员志愿服务队，组织党员与困难家庭、退休干部（职工）、"四老"人员、低保家庭、宗教人士、流动人口交朋友结对子，通过政策帮扶、就业帮扶、生活帮扶、临时帮扶等方式，帮助所交的基层朋友解决实际困难。积极开展好环境整治、综合治理、政策解读、法律咨询、矛盾化解等志愿服务活动，让每一个党员真正动起来、以实际行动"做"起来。

第三章　党建品牌的命名与标识设计

从长远观点来看，对于一个品牌来说，最重要的就是名字。品牌命名是创立品牌的第一步。一个好的党建品牌名字，是一个企业极具特点的鲜明文化符号，是一个企业拥有的一笔永久性的精神财富。概括起来，一个党建品牌的名字应当好听、好读、好记、好意、好看。同时党建品牌标识就是把一个党建品牌的名字用抽象化或形象化的方式表达出来，以展现党建品牌的价值和蕴含的意义。因此，一个响亮的党建品牌名称与形象鲜明、寓意深刻的党建品牌标识，成为党建品牌必须具备的两个因素。

第一节　党建品牌命名的程序、原则与方法

一、党建品牌命名程序

前期调查。在取名之前，应该先对企业的基本情况、国企党建的历程和特色、党建的目标以及人们使用后的感觉等情况进行摸底，并且以使用者的身份去使用这一品牌，以获得切身感受，从而有助于灵感的降临。

选择合适的命名策略。前期调查工作结束后，便要针对品牌的具体情况，选择适合自己的命名策略。一般情况下，体系性的命名适合

于党建的体系归纳性，具有较强的适用性。功效性的命名一般适用于生产、服务行业，主要体现党建品牌的具体目的性。人文性的命名适合于国企机关党建及相关服务部门，具有较强的人文色彩。有的企业党建品牌以地方特色命名，可能更加凸显地方性，具有很强的人文地方色彩。

动脑会议。在确定策略后，可以召开动脑会议，火花碰撞。在动脑会议上，任何怪异的名称都不应受到责难，都应该记下来，一次动脑会议也许得不到一个满意的结果，但可以帮助人们寻找到一些关键的词根，这些词根是命名的大致方向。同时动脑会议要让大家集思广益，开展广泛地讨论。对于会议讨论党建品牌名称，要着重讨论这样几个方面：一是要围绕着党建进行名称的讨论，讨论的范围要广泛；二是积极在事关党建元素方面寻求最佳名称，如"红""阵地""旗帜""领航"等内容，这些都构成了党建内容品牌名称选取的内容；三是注重企业党建已有的成果，从成果中提炼出来，进行名称的考察和命名。围绕这样几个方面，由进行党建品牌命名的会议进行专门讨论。

名称发散。由一个字联想到 N 多个词语，由一个词语发展出无数个新的词语，在这个阶段，是名称命名的大爆发阶段。这个阶段更是党建品牌命名集思广益的阶段，也是由支部书记和党务工作者组织和动员广大党员，甚至向入党积极分子、企业职工群众进行命名征集的阶段。对于这个阶段而言，名称越多越好，以便能够从中进行全面的筛查筛选。

普遍审查。为了避免命名与其他企业党建品牌的名称出现重复，要尽可能地对所有名称进行审查，避免名称的重复，但对一个临时无法确定而又非常好的名称，应先予保留。这一过程就是最大限度地进行名称的筛选。这个筛选过程，必须注重几个方面：一是对同行业的党建品牌名称进行筛查，广泛地利用媒体，采用多种搜索方式，对相近及相关的词进行搜查；二是在普遍审查过程中，还要对将要使用的名称进行全面的考核和审核，尤其对其所含党建寓意和公司文化精神要不断的琢磨，加工提炼，使其能够成为精品。

内部筛选。这一步是整个命名的顶层策划阶段，也是集中意见的阶段。在公司内部各级党组织会上，对所拟定的名称进行层层的考察和投票，筛选出其中较好的企业党建品牌名称。在这一内部筛选过程中，首先让参加会议筛选的党组织成员明确名称确定的原则，名称命名的标准是什么，把这一筛选标准进行下发，让大家有一个参考的意见，这样才能更好地筛选。其次对于已经筛选出的名称进行集中统一评价，本着对企业名称负责的态度，对所筛选出的党建品牌名称进行全面的评议，可以尽最大可能提出各种意见，这些意见将作为最后修订的依据。

目标人群测试。将筛选出的名称在党员内和企业职工内进行测试，根据测试结果，选择出比较受欢迎的几个名称，以备最后的采用。这一过程带有两个明显的目的，一是针对企业职工的测试，首先进行盲测，目的就是在不事先预知的情况下，通过感官刺激看到实际效果，并由企业职工提出意见。二是针对企业一般党员的测试，充分发挥党内民主，在这些测试中重点针对没有参与筛选的成员进行。这样能够尽最大可能得到客观的评价。

确定名称。经过党员大会，从最后的几个名称中决定出最终的命名。这是党建品牌命名称的最后阶段，前期所有的努力都集中在最后这一环节上。党建品牌名称必须拿到专题党员大会，或者某个会议的一个环节，进行专题讨论，在最后决定名称时有这样几个方面要注意：一是根据前期的讨论和意见，必须对党建品牌名称进行相应修订，不是按照原来的名称按部就班地拿出来；二是在党员大会上，真正让党员畅所欲言，表达自己的意见，并能提出新的观点和看法，这样才能真正的对党建品牌命名有价值、有意义。

二、命名原则

一个党建品牌是否能够取得实效，是否具有较高的知名度和推广价值，传播力强不强取决于品牌五个方面的因素，对于党建品牌的命名要把握住以下五点：一是党建品牌具有政治属性，展现企业的政治功能；二是党建品牌名称与企业的生产、经营和服务相贴切，也就是通过党建品牌能够展示企业的生产、经营；三是党建品牌名字简易、贴切；四是党建品牌要具有亲和力，也可以说能够体现品牌的指向性；五是党建品牌名字具有深刻的内涵。由此可见，企业党建品牌的命名要把握这样几个原则：属性鲜明，目的明确，风格简单，功能完善，内涵深刻。

第一，党建品牌命名具有政治属性，也就是属性鲜明。党建品牌的命名不是一般企业命名或者广告产品的命名，更不能在实际中随便进行各种命名，首先要明确这是体现党组织政治性质的命名，必须与党组织的方方面面要求相符合、相结合。因此，党建品牌命名要具有政治属性，就是要明确这个品牌是党组织先进性的体现，以实践党的宗旨为根本。党的十八大以来，在全面从严治党的要求下，中央始终把党的政治建设放在首位，而作为党建品牌命名与建设必须充分把握这一根本性要求。

在党建品牌命名与建设中，党建品牌的名字必须体现党的基层组织的政治属性和政治功能，形成鲜明的政治导向。以品牌作为引领不断强化党组织的政治属性和政治功能，通过组织建设着眼于提高企业各类组织和党员、干部的政治能力，针对不同主体分别提出不同的要求。以解决生产、经营中存在的最迫切、最现实的问题为基本出发点，坚持问题导向、着力破解现实难题，以发挥党员和党组织的先进性为基本形式，实现企业高质量发展。

第二，党建品牌命名应与企业的属性以及生产、经营和服务的范围相适应。进行党建品牌建设的一个根本目的就是用党建引领企业生产、经营和服务。所以，一个党建品牌能走多远，能否产生广泛的影响，取决于这个品牌的实用性，也就是在实际的生产、服务和经营中能否得到应用，而不是与生产、服务和经营的脱离和背离。因此，党建品牌命名不能脱离这个企业的生产、经营和服务实际，更不能为了追求所谓的高大上而好高骛远，不切实际。

党建品牌的命名首先要做到从企业所从事的生产、经营和服务包含的内容中提炼，以最大化地体现这个企业的本质特征。如高速公路单位进行的党建品牌命名，对于名字的提炼要做到体现与"路"有关的内容。同样，航运营运单位进行党建品牌命名，要与航海、河运内容密切相关，甚至采用由航运衍生出来与之相关的一些词，如风帆、舵手、指南针等。作为服务性的行业，在进行党建品牌命名时，要最大限度地发掘与服务相关的品牌名称，同时在延伸用词时，更多地倾向于体现服务的修饰词，如温度、情谊、温暖等重在人文关怀的内容。

第三，品牌名字简单易记，与企业生产紧密贴切。对于党建品牌的命名来说，首先要解决一个品牌名的传播力的问题。也就是说，不管给企业经营、生产取一个什么样的党建品牌名字，最重要的还是要能最大限度地让品牌传播出去。要能够使其他企业很容易记得住、想得起来是什么品牌。只有这样，党建品牌的命名才实现了第一步的成功；否则，就算你给产品取一个再好听的名字，但传播力不强、不能在企业党建中占据一席之地，其他企业记不住、想不起来，这就在很大程度上制约了党建品牌的传播。

对于党建品牌的名字而言，在一定程度上同现代产品的广告语具有相似之处，一个知名度极高的广告牌名字，其成功之处就在于这个广告牌具有非常强的传播力，而这种极强的传播力就在于广告语的简单、易懂，甚至是使人一目了然。如"脑白金"这三个字，它所具有的特点是朗朗上口、通俗易记，而且这三个字在传播的同时将产品的信息传递给了消费者，使人们在听到或者看到"脑白金"这个品牌名时，就自然而然联想到品牌的两个属性：一个是产品作用的部位，一个是产品的价值。因此才有了这个传播力极强的品牌名的广泛传播。所以说，给党建品牌命名，如果能实现推广，其自身的传播力是必须考虑的一个要素。因此，只有传播力强的品牌名才能为品牌的成功奠定坚实的基础。

第四，品牌名能够体现品牌的指向性，具有亲和力。那么是不是只要党建品牌名有了较好的传播力，品牌就能很好的传播出去呢？以商业广告为例，同样是国际知名香皂品牌，同样有传播力很强的品牌名，"舒肤佳"的品牌知名度和市场占有率与"力士"就显现出了截然不同的差异；同样是治疗更年期综合征，"太太静心口服液"却异军突起、后来者居上，赢得了更多的市场份额。这是为什么呢？

除了品牌名的传播力因素之外，这里面还有一个品牌名亲和力的问题。党建品牌名的亲和力取决于品牌名称用词的风格、特征、倾向等因素。其中有个较为突出的广告案例，就是"力士"与"舒肤佳"两个广告名词。"力士"这个品牌名虽然传播力强，但在亲和力上却远不如"舒肤佳"来得直接。"力士"给人的感觉生硬、男性化，但人们知道，一般情况下，在家庭中采购香皂的大多数是家庭主妇，因此"力士"这一名称和目标消费者的喜好显然是格格不入的。而"舒肤佳"则不同，这一名词首先给人的感觉是倾向于中性化的用语，它不但更广泛的贴合了目标消费者的偏好，而且，通过强调"舒"和"佳"两大焦点，给人以使用后会全身舒爽的联想，因此其亲和力更强。所以，在党建品牌命名时，不但要注意品牌名的传播力因素，而且同时也要注意把握品牌名的亲和力因素，只有这样才能使品牌的传播达到最佳效果。尤其是服务性行业的党建品牌命名要充分注意品牌名字的亲和力问题，还有的企业机关，比如涉及老职工服务的问题。对于这些领域进行党建品牌命名建设就要把握住名称的亲和力，即使没有更好的名词，也要使用中性词。

第五，党建品牌名字具有深刻的内涵，也就是内涵深刻。党建品牌的名字不是为了华丽而华丽，为了简单而简单，实际上一个党建品牌名字能否叫得响，具有持久性，与其深刻的内涵有重大关系。这是因为中华文化所特有的语言魅力决定了这样做的必要性。

党建品牌名字的内涵，从根本上讲，要做到既有与生产、经营和服务相关的，也要做到与党建文化的统一。只有包含了这两方面含义的党建品牌名字才具有价值和意义。以"红路"为例，在设计之初，就充分考虑了它的两层深刻含义，一是传承党的红色基因之路，二是中华民族伟大复兴之路。显然，通过这样的党建品牌的命名，既达到了推动建设的目的，也把公路人所从事的事业赋予了极强的政治使命，体现出了党的本质、必然要求。同样，另一家公路企业的党建品牌名称，为"一路初心"，之所以有这样的名字，一是基于党的初心、使命的要求；二是表明了公路人对事业的坚守和执着，同时也表达了公路人对党的事业的责任。

任何党建品牌，名称一旦赋予了深刻的内涵，很大程度上就提升了这个品牌的价值。这个价值既包含了政治方面，也包括了文化方面，甚至还有经营、建设和服务方面的价值。所以，在对党建品牌名称赋予内涵时，首先要考虑到党组织的政治内涵，还要考虑到企业文化特质的内涵。

党建品牌命名完成之后，就要使用好和保护好。虽然党建品牌对于提升企业的知名度和增强政治责任感有极大的帮助，甚至在很大程度上可以发挥企业文化建设的作用。但必须注意到作为党建品牌不是商业品牌，不能用于商业目的的宣传。同时还要保护好党建品牌，其中就是不能到处套用或乱用，即使在推广环节也要充分把握住品牌的实质和内涵，在应用时注意不同生产、服务领域的实际情况。

三、党建品牌命名法

（一）党建融入命名法。这种命名法就是要把党建融入品牌建设之中，在品牌里面体现党建文化和党建精神。这种品牌命名法的难度在于能够做到名字与党建文化的恰当结合。从根本上讲，这种党建品牌就要在品牌名称中突出党员和党支部的先进性作用。

如上海天然气管网有限公司LNG站的"'三先'党员在LNG"，显然，这一品牌名字就是要发挥党员的先进性，而且突出在三个方面，即奉献为先争先锋，服务为先抓落实，保障为先守安全。这个典型的案例就是党建融入命名法，因为所谓"三先"，就是由党组织的先进性来引领命名的，这种命名显示了党组织在生产中的引领作用。

相同的案例还有，"星火先锋行动"党建品牌，创新开展党员"五比五看"百分百工程，同步推出"党员积分卡"，为党支部每名党员建立"个人账户"，实现"一人一卡一码"式党员线上考核、管理模式。

（二）突出行业命名法。这种命名就是从本行业出发，突出行业特点。这种命名就是依据行业所生产、经营和服务的内容，从中概括出最具有特点的内容，而且最能体现这个行业的特点，同时结合党建的寓意。这种命名法的最大特点就是从名称上就能认识到这个党建品牌所体现的行业内容。

如"红路"品牌，这个品牌的名字一看就是指公路行业。实际上这个品牌最大的特色就是将党建融入了行业之中，既有党建的内容，又有行业的特点，所以这属于一个比较突出的党建品牌。同样还有"海运先锋"党建品牌，这个品牌的名字体现了两个方面，一是"海运"代表了这个行业属于一个海洋运输行业，二是体现了党组织的文化内涵。还有"红色引擎"党建品牌，这个品牌就表明了属于制造类或者发动机类的行业，同样也赋予了党建文化的内涵。"电亮先锋"党建品牌，这个品牌从直观上看就属于电力行业的品牌，因为"电亮"就清楚地表明了这个品牌所代表的行业，用"先锋"表示党组织的属性。这样的案例还有很多，如某地城发集团以"城发红星号"为引领，积极打造"党旗插在项目上"的党建品牌。

（三）突出目标命名法。这种命名法是从企业目标来确定名称的。这种命名法清楚地表达了企业从事党建和生产经营要达到的目标是什么，这个目标指引着这个品牌的努力和奋斗的方向。

如东方证券股份有限公司基层党组织建设"幸福家园"党建品牌，这就是典型的目标命名法。为贯彻落实新时代加强国有企业党建工作总体要求，东方证券党委在确立践行"党建、企业文化就是生产力"理念的同时，根据东方证券"家"文化特色和"为员工创造幸福生活"的企业愿景，创建设立基层党组织"幸福家园"主题实践活动工作品牌。其主要做法是"三个坚持"：坚持以"组织有活力、党员起作用、群众得实惠"为评价标准；坚持把创新开展基层党建工作与完成好公司战略任务、年度重点工作紧密结合；坚持以基层党支部"三个一"活动为载体，开展一次特色活动、为党员群众办一件实事好事、建立一项常态长效工作机制。采用"五种形式"：鼓励基层党组织结合实际创建党员教育之家、员工成长之家、提质增效之家、党建共建之家、和谐凝聚之家五种类型的"幸福家园"。品牌口号：一个党委一品牌，一个支部一特色，一名党员一面旗。这样就将加强党建基层基础工作与探索创新基层党建工作手段载体有机结合，有力促进了公司基层党组织建设质量水平的提升。

（四）体系归纳命名法。这种命名方法现在用得比较多，因为作为一个企业来讲，其党建品牌很难找到更为合适的名字，这主要是由于同样的企业较多，随着党建品牌建设的铺开，党建品牌名字被广泛使用，很多有价值、有代表性的名字可能被其他单位使用，对于后来进行品牌建设的企业来讲，只能根据自己企业党建的状况、党员教育状况和党建与生产融合的状况尽心归纳总结，形成一个党建体系，从而作为党建品牌名称。

这种命名法，一般是具有较强的概括性和总结性，但是层次非常分明。一看就知道为什么、干什么、怎么干以及怎么融合的。如上海燃气浦东销售有限公司第一营业所"三三工作法"，就是典型的归纳概括型的党建品牌体系，具体内容是"三先管理"：大事党员先知、难事党员先议、实事党员先行，激发党员建功内生动力；鼓励党员创新服务，提升技能，保障安全，攻坚克难，真正实现服务大局添活力、立足岗位建新功；借助区域党建平台，党员带头开展家门口服务。"三岗联动"：发挥党员先锋岗、团员示范岗、职工优质岗作用，促进多方责任到位，发挥集体效能，使党员先锋岗发挥先锋带头作用，团员示范岗体现积极向上精神，职工优质岗展示燃气职工风采。"三多工作"：职工困难多关心、职工需求多考虑、职工成绩多鼓励，通过沟通，把握脉搏，给予思想上解惑，精神上解忧，心灵上解压来加强职工队伍建设；围绕沃土育人理念，营造"快乐工作，健康生活"氛围。

（五）结合地域的命名法。一般来说，这种命名法与行业所在的地区有关联，以某种突出事物为象征性代表进行命名，但是这种方法一般来说较少。因为这种命名的方式很难和企业党建品牌体系相吻合，或者说很难落地。

这种命名法在很大程度上取决于企业所在地，在所在地地域特征的基础上融入党建的内容。这种命名法容易使人记住，而且很容易产生联想，而且名字简单、易记住。但是这种命名法的一个最大弱点就是和行业相差太远，很难让人想到这个企业的实际状况，甚至不知道是什么类型的企业。同时由于在一个地域内的企业也较多，很难让人一眼就能分辨出这个企业。

因此，以地域名称或地域特征命名，必须注意这样几个方面：一是选取有代表性的地域事物为名字。这个名字最好是特有的，以这种名字进行党建品牌建设的命名更有代表性。二是将地域性与企业行业特征紧密联系起来，只有这样，才能使得命名有价值。以"太湖红帆"为例，这个党建品牌很明显地使用了地域原则来作为党建品牌的命名。三是将地域名称与党建基因相融合，使得这样的党建品牌更加有影响力。如太湖附近的旅游开发企业致力于打造了"太湖红心岛"党建品牌，形成党建引航发展的新模式。其中太湖中的西山岛是太湖国家风景名胜区的核心景区，所以选取了太湖这一地域中最具典型的西山岛，加入党的红色元素为红心岛。又如北汽株洲分公司党委创新实施"全一流"党建行动的案例，铸造了"北汽星火、潇湘铁军"党建工作品牌。

第二节　党建品牌的标识设计

党建品牌的标识就是党建品牌的标志和形象，是将党建品牌形象化和抽象化的过程。设计标识是党建品牌建设的必要步骤，一个特点鲜明、形象突出的党建品牌标识对党建品牌建设具有重要意义。

一、党建品牌标识的概念

标识即标志，表明特征的记号或表明某种特征，指记号、符号或标志物，用以标示，便于识别。"夫言非自然一定之物，五方殊俗，同事异号，趣举一名以为标识耳。"（三国魏·嵇康《声无哀乐论》）党建品牌标识就是指融入了党组织元素或代表了党组织与生产、经营融合的标识。党建品牌标识是进行党建品牌建设的必要元素，对一个党建品牌建设的成功具有重要意义。

设计党建品牌标识，必须把握党建品牌标识的内涵，主要包括外在特征、基本元素、本质属性和目的意图这样几个方面。

党建品牌标识的基本元素就是党的红色文化元素，作为一个党建品牌标识，它与一般意义上的标识不一样，党建品牌标识虽然与商标设计有些相同点，但就其体现的基本内容来说还是有着很大的不同的，其中最为主要的就是党的红色文化元素。党的红色文化元素是党建品牌的最核心要素，这一特有的要素决定了党建品牌标识的基本性质、基本属性和最终的价值。

党建品牌标志的外在特征具有差异性和识别性。每一个党建品牌都具有其外在形式，也就是通常所说的外在形象问题，这个外在的形象问题要突出其外在的特征，就表现为差异性和识别性。所以不管怎样吸收和借鉴不同的党建品牌标识，都要设计出自己的特点和特性。只有这样，才能在众多的党建品牌标识中一眼看出属于自己所设计的党建品牌标识。

党建品牌标识的本质属性属于文化。从设计范畴来讲，党建品牌标识的设计就是一种文化活动，因为这种标识是企业基层党组织文化体现，也是基层党组织对生产、经营和服务的意愿表达，更是代表了这个企业的文化精神表达。从党的文化范畴来讲，党建品牌标识是党的组织文化的直观表达，以形象化的方式展现。从企业文化范畴来讲，党建品牌标识是企业生产文化、经营文化、社会文化和人文关怀的理念体现，这种文化意义上的内容用直观的方式表现出来，给予企业形象的社会展示。

党建品牌标识表达了企业党组织和企业自身的目的意图。这种目的意图表现为企业党组织怎样实现与生产、经营和服务等融合，怎样发挥党组织和党员的先进性，才能更好的组织和统领起生产的问题。同样，作为企业而言，通过党建品牌标识，以鲜明的方式表达出生产经营的目标和自身的企业文化价值理念。

二、党建品牌标识的特点

（一）品牌标识要易记。党建品牌标识只有易懂、易记、易传，才能高效地发挥它的识别功能和传播功能，有利于一个企业党建品牌的传播和形象展示，有利于企业党建品牌发挥更大范围的政治功能、社会功能、经济功能，有利于构建和形成企业党建文化和企业精神文化。

要做到国企党建品牌标识易记，必须注重以下几个方面的设计：简洁明快，易于传播；独特，标识应具备独特的个性，避免与其他标识混淆；新颖，标识要有新鲜感，具有时代感；舒适，党建品牌形状要具有柔和性，不能怪异，具有中性感；气魄高，品牌标识要有气魄，起点高、具备冲击力及浓厚的感情色彩，给人以震撼感。

（二）寓意丰富，启发联想。一个成功的品牌标识必须赋予其丰富的内涵和寓意，正是这种寓意，品牌标识才具有了政治功能、社会功能和经济功能。当党建品牌具备了这些寓意之后，就可以直接或间接地传递出品牌的信息，使人从中产生丰富的联想。

从内容上来讲，所谓寓意丰富，就是要体现在党的先进文化和企业价值追求的文化表达上。党建品牌的标识，从根本上讲是党组织依靠党组织和党员先进性表达出来的一种对企业经营管理下的理念和价值追求，同时要体现出国企事业的根本政治属性和政治功能，以及企业的文化精神。

赋予党建品牌标识丰富的内涵，就要从形象设计上着手。这种形象的设计必须与表达的党建品牌主题相符合，使党组织和党员的先进性有所体现，反映企业的政治属性。比如党建品牌主题表达的是制造业，那么党建品牌的标识就必须要表达这一行业，这是党建品牌标识设计的最基本原则。

党建品牌标识的设计在物景选取上极为重要。从很大程度上讲，物景的选取代表了党建品牌建设要表达的思想的直观呈现程度。因此，一个好的物景选取，一个形象鲜明、特点突出、直观简单的物景，会赋予党建品牌标识特殊的内涵。

（三）适应性强。党建品牌标识设计的适应性主要包括了四个方面：一是要具有行业性适用；二是要符合党组织的普遍需求；三是要具有本企业的适用性；四是要具有时代适用性。

一个党建品牌标识能够普遍适用于这个行业，具有这个行业的代表性，能够普遍反映出这个行业所从事的生产、经营和服务等，也可以说，具有这个行业普遍的典型性代表，具体来说，就是代表了这个行业的生产形态、生产物品、生产形式，以及代表了这种行业的生产、经营和服务的企业精神。

党建品牌标识要符合党组织的普遍需求。国有企业党建就是要实现与生产、经营和服务的融合，而党建品牌标识就充分满足了企业党建与生产、经营和服务融合的要求，以品牌标识方式表达出这个企业党建与生产、经营融合的内容和基本特征。

党建品牌标识具有本企业的适用性，是指党建品牌标识反映这个企业的党建状况、生产状况，能够根据本企业的实际，进行党建与生产、经营融合，而不是党建与生产、经营、销售和服务的脱离。这种适用性最终能产生经济、社会和政治的实际效能。

党建品牌标识具有时代适用性，是指企业党建品牌要与当前的企业党建要求相符合，与当前企业的生产发展要求相一致。

（四）个性突出，风格独特。党建品牌标识重在个性，就是风格独特、与众不同。只有这样，才能在众多品牌中脱颖而出，给其他企业和社会大众以鲜明的印象和深刻的感受，从而达到宣传这个企业形象的目的，达到企业的社会示范效益。

国企党建品牌标识的个性化，是其基本特征。一个国企党建品牌的标识，只有具有个性化和风格独特的特点，才能容易被识别和识记。如果离开了这一点，这个国企党建品牌就会显得相对平淡，不能引起共鸣，体现不出其应有的价值和功能。要体现出国企党建品牌标识个性化、风格独特的特点，就要结合企业实际，体现企业的特点和优势。

三、设计党建品牌标识的基本原则

党建品牌标识作为体现党建工作思路、展现党建活动特色、宣传党建效果优势的集工作理念与艺术美感于一体的标志设计和品牌展现，其外形设计具有高度形象化、凝练化、直观化、抽象化的特点，是增强党建工作凝聚力、提高创造力、扩大影响力的重要载体和标识，也是对外展现企业党建工作的基本思路和特点以及企业精神特质的重要窗口和桥梁。具体来说，党建品牌标识应以记得住、印象深、吸引人、感染人的丰富特点展现党建工作的丰富内涵、深刻寓意；既要讲求美观形象，又要具有党建文化内涵；既有形象化的特点，又有抽象化的内容，从而达到"品牌内化、标识外塑、影响深刻"的宣传成效。具体来说，设计党建品牌标识的基本原则包括以下四个方面。

（一）赋予内涵

品牌标识是所要展现事物的内涵与特征的高度凝练和集中表达，是在社会公众心目中所表现出的个性特征与形象，它体现了公众对品牌的评价与认知，外界对于一个企业或品牌的感知首先是通过品牌标识来认识的。而党建品牌标识作为企业品牌标识的重要组成部分，是展现一个企业党建工作发展新趋势、党建活动新表现、党建工作新格局的重要载体，赋予其深刻内涵以实现高度集中化对外表达和宣传是党建品牌标识设计的重要原则之一。因此，在具体设计党建品牌标识的过程中，应在集思广益、准确把握党建工作内涵、注重提升党建工作的影响力和宣传效果的基础之上，以提升企业党建工作科学化水平为目标导向，以激发广大党员群众参与党建工作的积极性、主动性为根本遵循，进而科学确定党建品牌标识的名称、形象、理念等形式载体，使之直观地、充分地、形象地展现出企业党建工作活动的内涵与特点，从而鲜明地对外展现出党建工作的鲜明特色、核心主题、服务精神与工作理念。对内达到党建品牌标识展现出党组织对人民群众的承诺，并促使和时刻提醒每一位基层党员牢记全心全意为人民服务的宗旨的良好效果，从而极大地提升企业党建工作的影响力、感染力和执行力。因此，对党建品牌标识赋予深刻而科学的内涵是设计的一条重要原则，这事关企业党建工作的外在感知与内在引领。

（二）美观且庄重

党建品牌标识设计是展现党建活动工作特色与品牌标识设计美感于一体的集中表达。在设计过程中，不仅应具有一般品牌标识设计的美观化、生动化和清晰化的特点，还应高度体现出党建工作的基本特征和内涵。因此，党建品牌标识的设计不同于一般标识的设计，追求美观与庄重是一条重要的设计原则。具体来说，党建品牌标识的设计首先应遵循一般标识设计的美观化原则，以生动丰富、色彩协调、美观大方为主要设计原则，以文字、图形、符号、形态等为图像设计主元素，使之具有特定的艺术美感，从而与周边的环境相协调、相融洽，以此在广大党员群众中间产生深刻的印象和感觉，使之感受到鲜明简洁的艺术美感，达到视觉上的满足感。其次，党建品牌标识设计过程中还应注重庄重性的设计原则。具体来说，从内涵展现上来讲，党建品牌标识作为展现所在企业或部门党建工作活动内容与特征的重要载体，党建工作所特有的政治性、服务性、先进性是党建品牌标识设计过程中所应首先考虑的重要设计要点。因此，在具体设计过程中，党建品牌标识设计应充分考虑到党建工作所特有的内容丰富、使命神圣、形式庄重的特征，党建具体工作的开展具有仪式感和神圣感。因此，在具体设计过程中，党建品牌标识应充分展现出美观且庄重的特点，既要注重品牌标识的外在形象，又要观照其内在的神圣内涵，从而更好地体现企业党建活动的深刻内涵。而不能一味地单纯追求品牌设计的外在美观形象而忽视其所特有的严肃庄重的特征，这样就不能达到良好的宣传效果。

（三）展现党建文化内容与企业精神

首先，党建文化是党建工作和活动开展的内在遵循和价值导向。党建文化指引着企业沿着党的路线方针政策前进，从而更好地促进企业向前发展，并且还在一定程度上引导着广大党员和群众思想积极向上，凝聚起一面面鲜明的旗帜，从而实现党建引领企业发展。其次，企业精神是企业发展文化、企业发展理念、企业服务理念、企业责任使命、企业未来愿景的综合表达和集中凝练，能够对企业的发展产生深层次的影响与效应。因此，可以说，党建文化与企业精神犹如鸟之两翼、车之两轮，二者相互融合、相互促进，共同促进企业各项事业的蓬勃发展，从而发挥党建铸魂、文化强企的重要作用，并把企业优秀精神基因和党建文化内涵融入生产经营、改革发展的方方面面，以此引导企业向前发展。因此，具体到企业党建品牌标识设计过程中，应充分考虑到企业党建文化的基本内涵与企业精神的基本特质，将党建文化与企业精神以高度集中凝练的形象设计予以充分展现和传播，从而充分展现出企业党建工作的特色。这就要求在具体设计过程中应树立好党建品牌标识是展现企业党建工作和企业精神的一面镜子的理念和思维，将二者的内在特质淋漓尽致地展现和表达出来，从而达到对外宣传党建文化内容与企业精神的良好效果，从而增强企业发展和党建工作的外在影响力。

（四）形象化与抽象化表达

党建品牌标识是展现企业的党建工作的特征、内涵以及企业精神等企业内在价值与外在形象的基本载体，是外界了解一个企业发展的基本路向和桥梁。从设计学的角度来讲，标志设计是融设计理念、设计构思、设计方案、设计效果等于一体集聚创意思维与视觉形式浓缩构成的丰富形式，是一种"浓缩精华"的设计。具体来讲，标志设计包括形象化和抽象化两大类。其中，形象化表达具有直观性、现实性、简洁的特点，能够直观形象地展现出企业党建工作的基本特点和内容；而抽象化表达则具有艺术性的特点，可以让标志设计更具象征意味，视觉感受上也更具符号的形式美感，从而在对外传播展现的过程中取得更为广泛的认同感和影响力。因此，党建品牌标识在具体设计过程中也应充分考量设计学的相关基本原理和方法，充分融合形象化和抽象化的设计理念。既要以简洁大方、直观形象的文字、图形等形式来进行设计，展现出企业党建工作和企业精神的基本内容，也要通过点、线、面、色彩、形体、构图相结合的艺术形式和设计元素来传达和展现企业党建工作的内在特色和内涵特质，从而达到引发党员群众的想象与共鸣，达到启迪思维和激发活力的作用。在视觉的表层和思维的深层上相融合、相联结，达到良好的宣传效果和社会效果，进而对内激发广大企业党员群众参与党建工作和活动的积极性、主动性和创造性，对外达到展现和宣传企业党建工作特色和企业精神的良好效果。

第三节　品牌名称与标识的案例分析与点评

案例一：红色引擎

党建品牌是白碱滩分公司党支部以习近平新时代中国特色社会主义思想为指导，结合本地特色创新打造的"红色引擎"品牌，旨在通过基层党建"1+3+N"的责任联动机制，将基层党建设置嵌入网格，通过"倒三角"服务机制，充分发挥基层党组织的战斗堡垒作用和党员先锋模范作用，使党建引领成为网格运营的强大支撑。

"红色引擎"即红色引领，起到延伸党的工作触角，发挥党组织思想引领、组织引领、工作引领的作用。LOGO 中的中国红丝带代表白碱滩分公司党支部在公司党委的正确领导下，广大党员干部勇于担当、敢于跨越、开拓创新的使命感及红色精神。红色"齿轮"代表基层党组织的政治属性，以"小齿轮"的"微动力"，提高"大引擎"的"总功率"，打造政治引领的"强引擎"。中间的图标是字母"J""L"，代表"聚力"，象征白碱滩分公司党支部在公司党委的引领下，将网格党建作为基层党组织组织力的承接点、发力点，通过中台实施一点接入，团结协作、凝心聚力，全程服务响应支撑，确保党的声音"一喊到底"。

"红色引擎"品牌是一种精神。体现了广大党员要有崇高的思想境界和坚定的理想信念，保持改革创新、迎难而上、奋发有为、昂扬进取的精神状态；"红色引擎"品牌是一个榜样。倡导的是树先锋、学先锋、争先锋的积极氛围，激励广大干部员工"亮身份、作表率、树形象"的精神支柱；"红色引擎"品牌是一个目标。以高质量党建为统领，将党建生产深度融合，把党建工作转化为企业发展活力和竞争实力。

案例评析："红色引擎"标识，从色调上非常注重党建品牌标识的设计，从形式上也符合这个品牌的名称，并以抽象化的形式表达，这是一个非常不错的标识。同时在标识形象设计上再突出一些内涵更好，虽然对于"红色引擎"的解释内容很丰富，但是在具体设计上要更多表现一些。

案例二："红色动力"

以广州地铁运营一中心的"1"为主元素，左边为红色主色调，寓意红色引领，右边加入所辖地铁一、二、八号线及广佛线的线色调，整体构成一个圆形体现工作向心力。寓意在党的引领下，全体党员、群众团结一心、不忘初心、凝心聚力，不断推动地铁运营高质量发展。中间的"1"字图案背景加入芯片的设计元素，寓意"智慧党建"在未来应用的广泛性，智慧地铁在未来将飞速发展。"1"的投影延伸为一列飞驰的列车，寓意党建引领带给地铁发展永不停息的动力源泉。

特色成效。"红色动力"是广州地铁"红色羊角"一体化大党建在基层的生动实践，也是运营一中心党委传承"红色基因"，结合所辖地铁一、二、八、广佛四条线路业务特点打造的党建品牌，让地铁线路成为城市发展的交通主动脉文明新窗口，地下风景线前行的加速器。

红色脉动。打造初心不改的地铁线。初心如磐，"学习强国"主题站亮相一号线，"学习"在最早、最老的线路上，成为一道新风景线。使命在肩，"国家工匠""红色初心"成为人才聚力、永续发展的力量之源。"红色动力"在一号线上成为推动线网不断延伸的红色脉动。

红色行动。打造安心安全的地铁线。每一次攻城拔寨中，都有先锋者的"红色行动"。运力提升、春运服务、疫情防控，淬炼党性，擦亮品牌。党员成旗帜，坚守地铁"南大门"，支部变堡垒，筑牢车站安全防线。"红色动力"在二号线让市民出行的安全感、获得感不断递增。

红色传动。打造传播文明的地铁线。立足岗位，彰显"红"的本色。"红色传动"助力"一带一路"。党员带动、青年示范，国际志愿者、智能 AI 机器人参与，让广交会国际客商感受"地铁轻生活"，"红色动力"在八号线擦亮向世界传播文明的时代窗口。

红色联动。打造服务湾区的地铁线。党旗所指，心之所向。"红色联动"下，优秀党员、服务明星创岗建区，"木兰岗"服务广佛两地市民。党员突击队为"轨道上的大湾区"提供运力支撑。共建共治绘好服务湾区新画卷。"红色动力"成为广佛线上"一张网，一张票，一串城"的联动纽带。

红色悦动。打造快乐前行的地铁线。加速奔跑，创新前行。"云端党建"应势而生，为党建插上信息化"翅膀"。"融媒体突击队"讲好地铁故事，最美逆行、青春奋斗成为主旋律。让"红色动力"成为推动地铁快乐前行的加速器。

案例评析：该党建品牌的标识，在设计过程中充分结合了党建品牌的名称，将企业文化和地方文化很好地融入了图案之中，使得这个党建品牌标识具有丰富的内涵。这个品牌标识设计的特长是把企业所从事的业务形象地展示出来。这个党建品牌标识如果再增加一些党建元素的话，效果将会更好。

案例三：大元建筑集团"红心元"党建品牌

"红心元"的基本内涵：

"红心"：对党忠诚、信念坚定；"元"：大元集团；"红心元"：

红色初心，立企之本；红心元强"五心"：红心元激发初心；红心元引领匠心；红心元凝聚人心；红心元守护爱心；红心元互联"e"心。

党建"12345"工作机制：

确立"一个目标"：即巩固党对企业的领导力、提升企业效益、增强企业竞争力。

建立"双向"体制：党委、董事会交叉任职，骨干和党员双向培养。发挥"三个作用"：发挥党委、党支部、党员作用。构建"四个支撑"：构建党建工作责任机制、运行机制、保障机制和考核机制支撑。打造"五大品牌"：打造大元"党建标准化"、基层党支部"十星评定""后备人才库建设""五位一体"监督、"大元志愿服务"五大党建品牌。

案例评析：大元建筑集团的"红心元"党建品牌标识设计较为合理，能够将标识的形象与名称做到相一致、相吻合。在标识里面包含了党建文化的元素，且有着企业文化内在的一些因素。但是该党建品牌的党建文化元素相对较少，应当赋予更多的党建文化内涵。

案例四：青岛开发区供排水总公司党建品牌"中润融情"

品牌名称：中润融情

标识说明：以海面升起的旭日暗喻党建工作朝气蓬勃的势头；图形又如层层涌动的海浪，以示党建工作的深入并有效的渗透党群。此标志运用"圆"与"方"的巧妙对比，充分体现了"思方行圆"的行为准则，衬托了党建工作蓬勃发展的战略思想。

品牌内涵："中润"是企业商标，"中润融情"就是在全区"凝心聚力　兴区惠民"的党建品牌理念指导下，以对供水事业强烈的政治使命感，以为"助推新区发展，我为供水事业奉献"为主旨，推动供水事业科学发展、和谐发展，满怀"中润·永远创造满意"的创业激情和忠诚，推动党群同心合力，以活力和热情全身心投入到供水事业中。

品牌理念：以人为本、真情服务、奉献社会

品牌背景：青岛开发区供排水总公司党总支紧密结合企业中心工作，在两级党组织和广大党员中创新开展党建品牌创建活动，为广大党员自觉融入企业发展主线搭建了有效平台，为公司各项事业迎难而上、逆势发展提供了坚强有力的组织保证。

供排水总公司是一家以供水为主业的公用事业性企业，在保障安全优质供水的基础上，大力提升供水服务水平，2014年成功创建了"中润·永远创造满意"省级服务品牌。公司党总支充分借鉴服务品牌创建的成功经验，在遵循党建工作基本规律的基础上，积极引入品牌理念，深入开展党建品牌创建活动。

品牌创建成效：近年来，供排水总公司党总支紧紧围绕总公司工作中心，以改革的精神，创新的理念，务实的措施，积极探索新形势下加强和改进企业党建工作的新路子，精心打造富有特色的党建品牌，为企业党建工作注入了新的活力，有力地促进了总公司经济效益和社会效益的显著提高。2010年总公司党总支被青岛市纪律检查委员会授予"青岛市廉政文化建设示范点"荣誉称号。2010年被青岛市职工思想政治工作研究会授予"青岛开发区供排水总公司职工思想政治工作研究会"荣誉称号。

案例评析：青岛开发区供排水总公司党建品牌"中润融情"的标识，是一个较为成功的党建品牌。这个党建品牌标识比较好地融合了该地的地域特征，使得该党建品牌具有地域特色，同时该标识抽象化表达得更为真切。但是该标识设计也存在一些问题，一是党建文化元素相对较少，虽然以旭日表达，并用红色作为代表，这未必就是一种党建文化元素，同时标识符号的表达寓意与"中润融情"有所差异。

案例五：中建集团的"建证力量·红色基石" "建证匠心·红色先锋"

中建集团正式启动"建证力量·红色基石""建证匠心·红色先锋"党建品牌活动。

迎风飘舞的党旗代表党对企业的全面领导，体现了中国建筑在改革发展中始终传承红色基因，以习近平新时代中国特色社会主义思想为指导，不断筑牢"根""魂"优势。

"建证"上方两块坚不可摧的红色基石：寓意中国建筑始终坚定政治站位，在党和国家事业发展大局中积极发挥"两个基础"作用。同时，牢记初心使命、勇于担当作为，在新起点上继续发扬火神山雷神山医院建设精神，为"两个一百年"奋斗目标作出更大贡献。

"建证"下方六个错落有致的时代建筑：寓意中国建筑始终争做时代先锋，引领行业发展，带领全体党员干部职工以初心铸就匠心，不懈追求卓越，用坚定不移迈向"一创五强"的实际行动践行"六个力量"。

案例评析：中建集团的"建证力量·红色基石""建证匠心·红色先锋"党建品牌的标识，在设计方面是成功的。从整体上看，这个党建品牌标识在很大程度上反映了中建集团的行业属性，并且给人以较强的力量感。从具体内容上看，这个标识有着丰富的党建文化元素，同时这个标识的表达与其名称"红色基石""红色先锋"一致。

案例六：苏州阳澄湖半岛旅游度假区的"红色风向标"

由苏州阳澄湖半岛旅游度假区主办的"红色风向标"党建品牌

标识LOGO。以"红星"为基础原型，以"箭头"作为设计元素，箭头取自有指向意义的指南针和有示意风向的风向标，充分展示"阳澄湖半岛旅游区"以"红色风向标"为党建品牌的理念。LOGO构成以国旗中的五角星基本要素，易联想到红星闪闪指方向，党的光辉照我心，符合红色党建的品牌特征；五角形内是变形一只向上的箭头，以此象征品牌文化与事业发展是风向标，指引前进的方向。指向东北方向的箭头一方面是和阳澄湖半岛的地形形似，另一方面阳澄湖半岛的地理位置正是园区的东北角、苏州的东北方。

案例评析：苏州阳澄湖半岛旅游度假区的服务党建品牌标识是"红色风向标"。该党建品牌的标识设计较好。整体上，标识图形与名称吻合。具体内容上，以党建文化元素为基调。同时也赋予了该党建品牌标识丰富的寓意和内涵。

<h2 style="text-align:center">案例七："五服同心"</h2>

五颗心代表资产公司五大板块向着党，红色和黄色是中国色（国旗的颜色），绿色代表绿色发展、和谐、和平，蓝色代表钱江新城，钱江蓝，留白色代表一颗纯洁的心，未来的色彩等着我们去绘画！

五大业务，五服同心，舞动资产

说明：资产公司五大业务板块在党委的带领下联动发展，发挥党建的引领核心作用，党建引领公司业务发展，五大业务板块同心同力，推动资产公司走向市场，舞动未来，实现国有资产保值增值。

五服同心，清廉为民，风正气清，砥砺前行

说明：公司旗下五大板块业务公司工作人员，以树清廉正气为宗旨，恪守廉洁自律底线，努力奋进做事业，以实干、才华、业绩报效国家，不忘初心，砥砺前行。

五服同心，党建引领，产业延续

说明：资产公司系统的党建围绕"五服同心"这一主题，坚持"党建引领"这一纲领，在党的领导下走正确的路，并最大限度发挥五大板块自身资源优势，必然可以做大做强产业，将产业不断延续，欣欣向荣。

五服同心，携手共进，联动创新

说明：以党建为引领，五大经营板块共同为一个目标奋斗努力，同心同力，携手共进，充分展示"党建+"的特色，这是产业发展最优选择，也是互利共赢的方式。

同时在积极推进"两学一做"学习教育常态化制度化的基础之上，联动创新，通过党建品牌建设塑造企业全新的形象。

案例评析："五服同心"党建品牌标识，从设计上以党徽为中心，五个心形代表了公司的五大板块产业，所以从整体上看这个党建品牌标识设计是较为成功的。但是从效果来看，这个党建品牌的标识还有改进的余地。这几种颜色分别作为板块的代表，显然有些杂乱和不庄重，因为作为党建品牌标识的设计底色应该以红色为主基调。

第四章　党建品牌体系的构建

第一节　党建品牌体系的基本内容

一、党建品牌体系的组成内容

党建品牌体系是党建品牌的重要组成部分，是整个党建品牌的框架和结构，是一个完整党建品牌的重要部分，对党建品牌的实际性操作具有指导性的作用。

从内容上来讲，一个党建品牌体系包含了整个党建品牌的内容，概括起来主要分为三部分：党建品牌的目标、党建品牌的理论支撑、党建品牌的落地内容。

党建品牌的目标，就是党建品牌构建的目的是什么。这种目的的表达有很多种，有的是加强队伍建设，有的是促进企业高质量发展，有的是打造优良的服务质量，有的可能是个综合性目标的表达，既要提升队伍建设、管理水平，又要提升思想素质等。如有的企业打造"五先一创"党建品牌工作体系，即打造先锋之家、打造先锋论坛、打造先锋工作室、打造先锋突击队、打造先锋示范岗位、创"红旗党组织"。这个党建体系很清楚地表明其目的就是要打造这五个方面，具体指单位建设、思想建设、创新创效建设、队伍建设和岗位建设。当然，作为一个较为完整的党建品牌还需要理论层面、载体层面的内容。

　　党建品牌的理论支撑，就是进行各种党组织建设和党员管理方面的基本理论。这些基本理论决定了党建品牌应用于生产实践的可行性和合理性。这些理论支撑主要有：对于党组织和党员建设来讲，既包括政治、思想、组织、纪律和作风建设，也包括组织建设的制度化、常态化、精准化等内容，还包括了组织设置的创新性管理，如党支部联合共建、党组织进班组、党员组织和党员联系群众制度等。在党建品牌理论体系构建时，应当注意这样几个方面：一是从企业中已有的党建理论中进行提炼。这样进行相关品牌载体设置时更容易。二是即使在构建党建品牌时进行新的理论构建，也要符合企业的实际状况，不能脱离实际进行所谓的理论构建，那样构建出来的理论体系只能是中看不中用，无法与实践相结合、相衔接。

　　党建品牌的落地内容，就是将党建品牌从一个理论的层面应用到实践生产之中。党建品牌的落地内容主要指党组织和党员在生产中扮演了统领角色，组织和引导广大党员和职工投入到企业的生产、经营和管理之中。当然，党组织和党员这些作用的发挥主要是依靠基本党建载体来实现的。这些党建载体决定了党建品牌落地的成效。对于这种成效的取得要有做到这样几个方面：一是党建载体必须符合企业的实际生产、经营和服务情况。比如有的是航运企业，有的是公路建设企业，它们的载体有很大不同，航运企业就是要怎样提高管理水平，确保航运安全，建设船员队伍尤其是面对船员工种乃至国籍的不同，怎样将其团结起来，打造成一支团结向上而又相对稳定的船员队伍至关重要；而公路建设企业，就是要打造一支优良的建设队伍，监督好承包方完成建设任务等。由此可见，不同行业所搭建的党建载体是不一样的。二是党建载体必须与党建体系中的支撑理论相一致，也就是说，在党建理论体系中，进行组织建设或党员素质的提升，都是围绕组织载体的应用而进行的。如一个海运公司打造了12345党建体系的具体内容："1"代表的是实现一个经略海洋的战略，实际上这既是山东海运提出"两项"制度的初心，也是企业的使命和担当。"2"代表的是"两项"制度，这"两项"制度的核心就是通过船舶和岸基党建制度，实现党对海运事业的统领，也是海运尤其是船管公司开展一切营运活动的核心所在。"3"代表的是海上支部建设、岸基支部建设以及特色党建品牌建设。对于海运而言，海上支部建设就是把党支部建在船上，岸基支部建设就是围绕岸基进行党支部建设，特色党建品牌建设，就是在无论海上还是陆地都建立特色品牌党支部。"4"代表的是围绕"两项"制度开展的党建与业务融合的四个方面：党建引领船上管理，党建引领岸基调度，党建构建船员队伍，党建保障运营安全。"5"代表的是"两项"制度落地对企业运营发展的结果：打造一艘好船，打造一支过硬的队伍，打造一个温暖的家，打造一个响亮的企业名片，打造一个对外交流的窗口。这个体系的理论和落地就是相衔接的，在理论层面用党建与业务融合的四个方面理论，即党建引领船上管理，党建引领岸基调度，党建构建船员队伍，党建保障运营安全，以最终推动企业运营发展的五个方面的结果：即打造一艘好船，打造一支过硬的队伍，打造一个温暖的家，打造一个响亮的企业名片，打造一个对外交流的窗口。

二、党建品牌体系的特征

党建品牌体系对于党建品牌的构建至关重要，它是整个品牌的支撑，决定了这个品牌的内涵、操作性和实际价值。可以说，把党建品牌体系构建成功了，就等于这个品牌成功了一大半。下面主要从三个方面谈谈党建品牌体系的特征。

（一）党建品牌体系必须具有承接性和系统性。这个承接性就是指党建品牌是整个企业党建体系的一个部分，必须承接整个企业党建的落地，不是空洞的或者抽象的。系统性是指党建品牌又是一个小的党建体系，不仅有个品牌的名字，关键在于这个品牌包含着党支部的党建体系。

承接性体现在两个方面：一是党建品牌体系内容必须与企业党建和生产相承接，也就是说，党建品牌体系必须从企业党建与生产经营服务相融合之中进行提炼，最终由这个体系来体现出企业党建与生产的基本状况以及特点、特色。二是党建品牌体系之中的理论内容必须与落地载体相承接。这个承接直接关系着党建品牌的实践性和成效。党建品牌建设的目的就是促进企业发展，以党建统领企业的生产经营问题，而能够落地的方式就由各种融合载体来实现的，可以说，融合载体就起着一个承接作用。

党建品牌的系统性，就是指党建品牌是一个体系，不是由某一方面或者某个层面组成的，它是由品牌主旨、品牌的理论支撑和落地载体构成。在这个系统中有着鲜明的系统性特征，又有着内在的逻辑性。首先，党建品牌的主旨构成了这个体系的首要目的性。在这个主旨中，首要表达了这个品牌要干什么的问题，只有这个问题点明了，才能使得品牌的理论支撑围绕这个主旨进行构建。落地的时候才能围绕着这个主旨打造品牌落地的载体。其次，党建品牌的理论支撑为其主旨的实现提供理论层面的内容。这种理论层面的内容来自于企业党建基础。最后，落地的载体就是党建与生产经营、服务的融合表现，用党建实现生产经营发展。

（二）党建品牌体系应该具有丰富的内涵。党建品牌在本质上是一个党建体系，这个党建体系的核心内涵，主要包括了这样几个方面：党建工作的主旨思想、党建工作的基本理论、党的组织建设。

党建工作的主旨思想，就是构建这个品牌的目的，在整个党建体系中是领头雁，让人一看便知道这个品牌的目的是什么。所以党建品牌的主旨思想必须简洁明了、言简意赅，做到对整个党建品牌体系具有概括性和总揽性。

党建工作的基本理论，就是切实贯彻党的十八大以来党的建设的几个重要方面：政治建设、思想建设、组织建设、作风建设、纪律建设以及贯穿其中的制度建设。

党的组织建设主要围绕两大方面，一是党支部，二是党员。在党支部建设方面，主要是强化党支部的职责，党支部要担负好直接教育党员、管理党员、监督党员和组织群众、宣传群众、凝聚群众、服务群众的职责；进行"三会一课"制度、丰富主题党日活动等方面建设。在党员方面，主要是围绕党员教育基本任务和党员日常教育管理两个方面进行。党员教育管理从这样几个方面加强：加强政治理论教育，突出政治教育和政治训练，强化党章党规党纪教育，加强党的宗旨教育，进行革命传统教育，开展形势政策教育，注重知识技能教育。对于党员的日常管理，党组织应当坚持从严教育管理和热情关心爱护相统一，从政治、思想、工作、生活上激励关怀帮扶党员。党组织应当充分发挥党员的先锋模范作用，结合不同群体党员实际，通过树立、学习身边的榜样，设立党员示范岗、党员责任区，开展设岗定责、承诺践诺等，引导党员做好本职工作，干在实处、走在前列、创先争优，在联系服务群众、完成重大任务中勇于担当作为，做到平常时候看得出来、关键时刻站得出来、危急关头豁得出来。

（三）党建品牌体系必须体现其实用价值。所谓实用价值就是体现在能够用上，党建品牌不是务虚的，而是实用的，能够促进企业的生产和经营。党建品牌的实用价值体现在两个方面：党建品牌体系中的理论部分、党建品牌体系中的落地部分。

党建品牌体系中的理论部分所体现的实用价值，主要是指党建品牌中基层组织建设及相关理论支撑能够用于或者帮助解决实际生产、经营问题。换言之，组织建设不是虚的，是符合实际需要的。如在组织设置中建立起来的联系群众制度，不是建立了不用，而是建立起这种制度就是用于将群众的意见反馈到基层组织中，以组织的名义帮助职工群众解决实际生活问题。有的企业平时有站长、班长等企业职工接待日，可以将这种形式转化为组织建设中的群众联系制度，如果站长或班长是党支部书记，就可以将职工群众反映的问题，拿到党支部工作会议上进行讨论并做出重大决定，这种形式就属于群众联系制度。所以衡量一个党建品牌体系中的理论部分是否具有实用价值，关键在于这种组织建设是否解决了生产中的实际问题。实际上组织建设中的实用价值还体现在推广性和借鉴性上，也就是能够为企业使用和借鉴，这在某种程度上也是品牌的行业价值。

在一个党建品牌体系中体现其实用价值的另一个部分就是落地部分，也就是在与生产、经营融合中到底给这个企业带来多少效益的问题。这个价值的评判就是党建与生产融合的载体是不是符合企业的生产、经营和服务需要。有的企业虽然创建了这样的载体，但脱离了这个企业的实际，显然无法用。党建品牌体系落地的实用价值判断就在于能否做到给企业带来效益最大化。实际上，党建体系落地的实用价值带来的就是效益问题。如创新创效、建立先进党员工作室等都是为了实现效益上的问题。还有党建沙龙，作为党建沙龙必须结合党建和安全生产知识的讲解，才能发挥出实际企业效益的问题。

第二节　党建品牌体系的构建

一、明确党建品牌体系的要素

进行党建品牌建设，就需要从提炼和归纳的党建品牌体系入手，而不是脱离了体系，致使落地和体系相脱离。最为合理的党建品牌落地就是从体系构建的理论支撑点出发，进行品牌的落地建设，做到理论和实践的统一。

（一）党建品牌体系中的目标要素。目标要素决定了党建品牌体系中的根本取向问题。事实上，在党建品牌建设中，目标要素代表了这个品牌要做什么，比如生产企业要通过党建提升产品质量或者解决售后服务质量的问题。服务行业要通过品牌提升服务质量的问题。所以在一个企业做品牌之前，一定要搞清楚自己的目的，并通过品牌体系表达出来。比如一个企业想打造一支过硬的生产队伍，提出了"三建设、三过硬"的品牌体系，"三建设"就是思想建设、支部共建和创新建设；"三过硬"就是政治过硬、专业过硬和业绩过硬。显然，这就要从"三建设"出发，针对思想建设，建设思想大讲堂；针对支部建设，建设联合党支部；对于创新建设就开展创新创效建设，建设党员个人先进工作室。

（二）党建品牌体系中的理论要素。理论要素就是党的建设的基本理论，其在整个党建品牌体系中是理论框架，是基层党组织建设和党员干部队伍提升的基础，也是落地载体的理论渊源。事实上，理论要素在很大程度上决定了党建品牌体系的理论内涵和理论深度。

构建党建品牌体系的理论要素主要指的是党组织建设中的一些基本理论。如党组织的政治建设、思想建设、纪律建设、作风建设和制度建设，基层党组织的"四力"建设：政治领导力、思想引领力、群众组织力、社会号召力建设。这些理论构成了党建品牌的理论核心，因此在党建品牌建设时要尽量体现出来。

（三）党建品牌体系中的载体要素。这种载体要素分为几种情况，一是党员在企业生产、经营和服务中的应用。具体的表现有党员责任区、党员先锋岗、党员突击先锋队、党员创新创效先进工作室等，这些都是党建品牌体系的载体，也是党建融入这个企业生产经营的落地点。这种载体的关键就在于发挥出党员先进性，实现对企业职工和企业人员的带动和帮扶作用。二是党组织在企业生产、经营中的实际应用。这种党组织在生产经营和服务中的实际应用更多的是以组织设置创新的方式来实现的。比如在一些企业中为了加快工程进度进行的党支部联合共建；为了提高安全生产建设要求进行的党支部联合共建活动；为了实现相同业务部门之间的业务交流而进行的党支部联合共建活动。这种载体的一个核心要义就是把基层党支部的战斗堡垒作用充分发挥出来，使基层党组织成为工程建设、企业生产的核心。

（四）把理论要素和载体要素结合起来。理论部分相对来讲是务虚，更多的是支部建设和党员管理的制度化、程序化问题；而体现在党建品牌体系之中的则是务实的，也就是落地的内容和形式。而这两者之间在构建品牌时必须紧密结合在一起，在理论方面怎样构建，就必须有与之对应的落地内容。如果理论和落地载体不相符，就必然会导致逻辑上的不合理和脱节。比如某单位要打造"两个工程"和"五种宣传"：两个工程，即一支部一品牌工程和职工队伍工程塑造队伍建设；五种宣传，即网站、杂志、公众号、媒体和活动。显然，这种务虚的内容与实际落地的内容有所脱节，即理论不能为实践载体提供有效的理论支撑。有的企业的党建品牌的构建在理论支撑和落地载体方面就较为合理，符合逻辑，如有的企业提出了"433 体系"，即推出党建四季（谋划季、推进季、模范季、提升季），推进三个融入（即融入企业改革发展、企业中心工作和重点难点），打造三个工程（基础工程、责任工程和特色工程）。不难看出，这个体系之中的"433"存在着内在的逻辑关系，尤其是务虚与务实方面，通过三个融入打造出三个工程。

二、党建品牌体系的提炼与归纳

党建品牌体系的提炼是品牌建设最为关键的步骤，一个成熟且全面的党建品牌体系的确立标志着这个党建品牌的成功。

一个党建品牌体系的构建，要进行提炼和归纳，其基本的步骤主要包括这样几个方面：一是明确主旨；二是把握党建方向；三是丰富党建内容；四是融合生产；五是落地落实。

一是明确要做的党建品牌的主旨。明确党建品牌体系的主旨具有点题的作用，也就是说，不管哪个企业单位首先要明确做这个品牌到底是为了什么，实现什么？这是整个党建品牌体系的目标，如果目的不明确，党建与生产、经营融合时目的就会不清，就不知道融合的方向和落地点在哪里。不同类型的企业有着不同的党建品牌主旨。对于服务行业而言，做党建品牌就是为了实现更好的服务。比如有个文化传媒企业要构建党建品牌体系，它首先提出了主旨，即发挥四个作用，发挥旗帜主阵地作用，发挥文化培育主渠道作用，发挥理论宣传主力军作用，发挥文化交流大平台作用。又比如作为服务机构的医院，在构建党建品牌体系时，首先提到了自己的主旨就是"践行善行"，做到"以文化促党建，为医院中心工作持续健康发展凝心聚力"，同时在全院营造浓厚的"善"文化氛围，通过丰富多彩的志愿活动促进党建工作深入开展。在归纳党建品牌体系的主旨时，必须从党支部所处的行业中去挖掘，在主旨中充分体现行业的特色，发挥行业优势。所以，党建品牌的主旨不能背离了这个行业基本的业务，否则就会南辕北辙。

二是明确党建方向，实现对企业生产、经营的推动。这里的党建方向主要围绕着党组织和党员先进性开展。

对于党支部建设来说，要紧紧围绕十九大提出的政治、思想、组织、作风、纪律建设，以制度建设作为保障。同时根据《中国共产党基层党支部工作条例》《中国共产党国有企业基层组织工作条例》规定的内容，明确组织设置、支部主要职责。比如在对国有企业党支部（党总支）以及内设机构中设立的党委在围绕生产经营开展工作、发挥战斗堡垒作用时要完善以下几个方面职责：1. 学习宣传和贯彻落实党的理论和路线方针政策，宣传和执行党中央、上级党组织和本组织的决议，团结带领职工群众完成本单位各项任务；2. 按照规定参与本单位重大问题的决策，支持本单位负责人开展工作；3. 做好党员教育、管理、监督、服务和发展党员工作，严格党的组织生活，组织党员创先争优，充分发挥党员先锋模范作用；4. 密切联系职工群众，推动解决职工群众合理诉求，认真做好思想政治工作。领导本单位工会、共青团、妇女组织等群团组织，支持它们依照各自章程独立负责地开展工作；5. 监督党员、干部和企业其他工作人员严格遵守国家法律法规、企业财经人事制度，维护国家、集体和群众的利益；6. 实事求是对党的建设、党的工作提出意见建议，及时向上级党组织报告重要情况。按照规定向党员、群众通报党的工作情况。

对于党员教育管理，要按照《党员教育管理条例》《中国共产党国有企业基层组织工作条例》规定进行。根据《党员教育管理条例》，必须对党员加强政治理论教育，突出党的创新理论学习，组织党员学习党的基本理论、基本路线、基本方略，学习马克思主义基本原理和党的基本知识，引导党员坚定理想信念，增强党性修养，努力掌握并自觉运用马克思主义立场观点方法。同时还要注重知识技能教育，根据党员岗位职责要求和工作需要，组织引导党员学习掌握业务知识、科技知识、实用技术等，帮助党员提高综合素质和履职能力，增强服务本领。尤其是要加强对党员的政治教育与训练。《国有企业基层组织工作条例》规定，对于党员坚持用党的创新理论武装党员干部职工，突出政治教育和政治训练，推动习近平新时代中国特色社会主义思想进企业、进车间、进班组、进头脑，引领职工群众听党话、跟党走。开展中国特色社会主义和实现中华民族伟大复兴中国梦宣传教育，加强爱国主义、集体主义、社会主义教育，抓好形势政策教育。

同时还要把思想政治工作作为经常性、基础性工作，把解决思想问题同解决实际问题结合起来，多做得人心、暖人心、稳人心的工作，积极构建和谐劳动关系，努力将矛盾化解在基层。健全落实企业领导人员基层联系点、党员与职工结对帮带等制度，定期开展职工思想动态分析，有针对性地做好人文关怀和心理疏导。注意在企业改革重组、化解过剩产能、处置"僵尸企业"和企业破产等过程中，深入细致做好思想工作，解决职工群众困难，引导职工群众拥护支持改革，积极参与改革。

三是要有丰富的党建内容。要通过归纳与总结已有的党建成就，形成党建体系。对于这部分内容的构建，主要包括这样几个层面：一是对已经开展的党组织建设活动进行全面的概括和提炼；二是根据已有的党建成就，对未来的党建进行规划和构建，从而构建成一个内容丰富、层次结构明确、思路清晰的党建品牌体系的党建理论内容。党建品牌体系的构建，就是对该单位企业长期的党建工作的归纳和总结。尤其对于那些长期进行党建建设的企业单位，必须进行系统归纳，在已有的党建基础上，对未来的党建进行规划和构建。

四是党建落地的载体。党建品牌体系的落地就是在党建与生产经营的融合方面，找到恰当的落地载体。这个问题是企业党建品牌建设中的一个难点，也是最终发挥出党建品牌实际价值的地方。实际上一个企业的党建品牌成功与否，这是一个非常重要的衡量点，但这个点对一些企业来讲有一点难度，主要存在两个方面的问题：一是党建品牌没有落地，根本没有融入生产、经营的载体，仅仅注重理论或宣传，就是虚的东西了。二是党建品牌的落地与企业实际不相符，也就是说，可能参考了别人的党建品牌，但用不上，因为自身的党建状况和实际生产状况与对方都有着较大差距。

比如企业中经常讲到的党员在企业发展中所担负的责任及责任意识问题，显然这是一个非常笼统的问题，要想真正落实下来那就必然要搞清楚党员到底担负什么样的责任，而且这种责任意识怎么才能表现出来，这是一个具体的问题，这也是党建品牌体系落地的载体。所以在生产和建设企业中，设定党员的安全责任区就是这种责任的具体落实，同时在责任区内把党支部委员与书记的责任担当也纳入进来，这样就形成了一个完整的党支部责任体系。同样，党员示范岗的设置也是解决落地的载体问题，就是通过示范岗，党员展示先进性和发挥模范作用，带动队伍和树立企业形象。

第三节　党建品牌体系构建案例解析

下面以交通行业和制造业等党建品牌体系的构建为例简单谈一下具体的实际操作。

一、交通行业案例

1. 案例名称：某某交通发展集团的收费站党支部党建品牌创建

2. 品牌名称：致新谋远、坚实堡垒

3. 品牌理念："致新"：专心致志、爱岗敬业，致力于过硬党支部和五星级收费站创建，强化服务，促进和谐发展；"谋远"：观全局、谋长远、举良策，当好参谋助手。"坚实堡垒"：不忘初心、牢记使命，进一步提升党支部的政治领导力、群众凝聚力和发展推动力，实现政治过硬、班子过硬、队伍过硬、制度过硬和业绩过硬的目标。

4. 创建原则：（1）遵循新党章，依法创建；（2）围绕中心，突出窗口单位特色；（3）务求实效，服务大众，使创建党建品牌与各项工作相互促进，协调发展。

5. 指导思想：认真贯彻党的十九大精神、习近平新时代中国特色社会主义思想及全国国有企业党的建设工作会议精神，严格按照习总书记两个"结合起来"、三个"深入思考"、四个"深刻理解"、六个"联系实际"的要求和标准，始终在思想上、政治上、行动上同以习近平同志为核心的党中央保持一致，按照"发挥特色优势，培育党建品牌，服务企业发展"的工作理念，以建设服务型党组织为目标，创建主题内涵深刻，品牌叫得响，工作措施硬，党员受欢迎的党建品牌。

6. 目标要求：（一）围绕中心、服务大局，紧紧围绕收费站中心工作，把党建工作与业务工作紧密结合起来，充分发挥积极性主动性创造性、确保党的路线方针政策和决策部署贯彻落实。（二）创新发展、提高水平，积极推进党建工作机制、创新，增强党员队伍的活力，努力建设一支政治坚定、思想进步、作风优良、勤政廉洁的干部队伍，构建富有活力的基层党建格局。（三）服务大众、按章办事。坚持全心全意为驾乘人员、为广大员工服务的根本宗旨，坚持"群众第一、服务第一"的理念，健全联系和服务群众制度。尊重群众利益诉求，拓宽民意反映渠道，不断提高服务群众水平。（四）转变作风、提升形象。强化党性修养和作风建设，每个党员要讲党性、重品行、作表率，为驾乘人员提供优质文明服务，力所能及地帮助驾乘人员解决困难，帮助员工解决最关心、最现实、最直接的利益问题，树立广大党员的良好形象。

7. 品牌架构：

主要内容：坚持紧扣"致新谋远、坚实堡垒"的主题，不忘初心、牢记使命，以建设服务型党组织为目标，努力将党建工作融入收费站中心工作的各个环节。

第一，推进"两学一做"学习教育常态化制度化。积极推行"双学双做"，制订集团党内法规和集团、分公司制度双学习计划，组织全体党员党规企规双学，实现先锋工匠双做，不忘初心、牢记使命，始终保持先进性和纯洁性。严格落实"三会一课"制度，组织普通党员讲党课（书记、支部委员必须讲，其他党员积极参与）学习党史等活动，不断提高党员干部的学习能力。

第二，实现四个"融合"。一是融入决策，在制定年度规划、人员调整、争先创优、制度修订等与收费站发展及与员工切身利益密切相关的事项上党支部要发挥领导作用，把方向，管大局，定决策，保落实；二是融入执行，把党组织要求与企业实际紧密结合起来，通过一系列行之有效的措施，促进企业生产经营任务完成；三是融入监督，在关键岗位人员出现异常情况时，党组织要及时"咬耳扯袖"；四是融入制度，对照支部书记主体责任书和监督责任书的要求，不断完善修订支部及收费站相关工作流程或制度，实现党建与企业运营管理制度无缝对接、有机融合。

第三，打造五个"团队"。以党支部为引领，创建由党员及中队长、业务骨干组成的五个团队：环境卫生监督团队、业务标兵团队、文体活动联系团队、互助帮困团队、党员服务团队，将党建融入收费业务、卫生管理、工会文体活动等各个环节，实现企业基层党建工作精细化与实效化。

第四，推选三个"示范岗"。每月推选出"党员示范岗""团员示范岗""服务示范岗"各一名，在绩效考核中兑现加分奖励，与激励奖挂钩，激励党团员群众人人争做干事创业追赶超越的排头兵。

第五，实行全体党员"亮身份、践承诺、受监督、做表率"。全体党员佩戴党徽亮身份，践行承诺树形象，对照"四讲四有"标准，坚持在思想上、行动上当先锋、做表率。每年开展一次党员民主评议及"优秀党员"评选活动。

案例评析：从整体上来看，这个党建品牌体系各方面的要素都已经具备，理论支撑和实践落地都有着明确的指向性。但这个党建品牌体系内容还是有一些问题。首先，从整体上必须构建一个较好的整体逻辑框架结构，但在现有的框架之内，还很不够，如四个"融合"、推进"两学一做"学习教育常态化制度化、打造五个"团队"等，显然不是一个逻辑的内在体系。其次，打造五个"团队"、推选三个

"示范岗"和实行全体党员"亮身份、践承诺、受监督、做表率"等内容，有些是重复的，如推选三个"示范岗"和实行全体党员"亮身份、践承诺、受监督、做表率"就是有着内容的重叠。

因此，为了使整个党建品牌体系具有内在的逻辑性和整体性，依据现有的资料，可以归纳为这样一个逻辑体系："12345"，即"1"是指坚持紧扣"致新谋远、坚实堡垒"的主题。"2"是指坚持"群众第一、服务第一"。"3"是指通过推进实践教育活动的常态化、制度化和目标化。"4"是指实现四个"融合"，一是融入决策，二是融入执行，三是融入监督，四是融入制度。"5"是指打造五个"团队"，以党支部为引领，创建由党员及中队长、业务骨干组成的五个团队：环境卫生监督团队、业务标兵团队、文体活动联系团队、互助帮困团队、党员服务团队。

二、生产制造业品牌案例

1. 案例名称：兖矿东华重工煤机装备制造分公司结构件车间党支部

2. 品牌理念："三字"引领激活智慧动能、特色党建助推精益生产

兖矿东华重工煤机装备制造分公司是集团公司打造的高端装备制造示范区、新旧动能转换的践行者。结构件车间隶属于煤机装备制造分公司，是集数控下料、数控坡口、机械加工、压型、铆焊、机器人焊接为一体的液压支架专业化生产车间，涵盖液压支架结构件制造的所有工序。2018年公司投资4亿元开展液压支架制造优化提升项目，建造新厂房、选购新设备、引进新工艺、培养新队伍，2020年生产能力由原来2万吨提升至3.6万吨，实现产能和质量双提升。车间现有职工516人，其中在册职工273人，协议用工243人。党员25人，其中预备党员4人，女党员1人，党员队伍中大专以上学历14人。

近年来，车间党支部在上级党组织的正确领导下，以党员"亮、带、融"三字为引领，创新组织开展"争做优秀员工、秉持优良工艺、打造优质产品，让下道工序满意"的"三优一满意"班组创建特色党建活动，让党员支部作用融入班组生产，带领车间走精益生产之路，实现液压支架高端制造。其具体做法如下。

（一）发挥党员示范带头作用，展现"亮"字品牌

党支部充分发挥党员示范带头作用，通过党员亮身份、亮承诺、亮业绩，全力做好与安全生产的结合工作，念好"亮字经"，让党员在实际工作中率先垂范，将党的政治优势转化为安全生产优势，确保车间安全生产良好局面。

亮身份。开展党员"亮身份、亮风采"活动，党员挂牌上岗、佩戴党徽，促进广大党员特别是一线党员增强党性意识，知晓党员岗位、了解党员职责，强化自我约束，激发干事创业的内生动力。全体党员结合"不忘初心、牢记使命"主题教育，纷纷对照党章和"四讲四有"行为标准开展横向和纵向对标，找差距、补不足，擦亮了党员品牌。开展党员责任区、示范岗挂牌活动，充分发挥党员先锋模范作用。示范岗党员陈加利，秉持"向我看、跟我干、让我来"的干事创业热情和动力，几年如一日难活、累活抢在前，用自己过硬的技术解决生产中遇到的各种难题，带领身边职工共同提高，年累计加班80天以上。在他的带动下，坡口班在质量提升阶段一次交检合格率从76%提升到98%，充分体现出了党员示范带动作用。

亮承诺。党支部重点围绕抓好"两学一做"学习教育、提高服务质量和为职工做好事、干实事等方面作出承诺；党员重点围绕"两学一做"积极学习、立足本职创佳绩、发挥能力特长为职工服务、突出问题整改等事项作出承诺，通过公示栏、微信平台等方式，将支部和党员的承诺内容进行公示，进一步明确党员职责，让群众更好地监督党员上岗履职情况。党支部坚持从基础抓起，结合岗位工种

实际，分类制定《员工行为准则》，并要求党员率先垂范，作出承诺，自觉遵章守纪，同时纳入每月党员评星定级内容。每季度组织车间领导班子、材料计划员、市场化考核员等重点岗位实施廉洁自检、廉洁承诺活动，时刻提醒党员干部廉洁自律、以身作则。党支部通过开展谈心谈话等活动，了解基层职工实际困难，为车间有困难、重病职工组织捐献爱心款累计 29765 元。开展为一线职工夏送清凉、冬送温暖活动，安装冷饮机、发放雪糕、西瓜、保暖袜等物资。

亮业绩。党员结合岗位工作要求、年度工作目标、公开承诺事项、"两学一做"学习教育情况等内容，每季度向支部汇报一次"创绩"情况，支部以适当方式对党员创绩情况进行公开，让业绩看得见、摸得着，同时鼓励党员把业绩亮出来，把方法教出来，把体会谈出来。将党员志愿服务、"1+1+N"联系服务群众、公益活动、工作创绩等场景通过支部微信群、QQ 群等及时分享，让党员"创绩"及时做、及时亮。年底，对党员年度工作实绩进行公示，接受党员群众监督。把工作实绩作为党支部党员民主评议的重要内容，接受党员群众评议。支部委员曾令龙，作为分管生产的副主任，将"能吃苦、能战斗"的优良传统体现得淋漓尽致。在第一次承接德国卡特彼勒国际高端液压支架样机制造期间，他带领 6 个铆焊班组 24 小时轮轴转，吃住在车间，遇到困难想办法，绝不妥协打折扣。在这个前所未有的艰巨任务面前，他以提升生产效率为出发点，优化工艺流程，细化数据分析，在生产中注重合理生产节拍，确保物料配送成套化，有效提升生产效率 30% 以上，用"智慧+汗水"最终按期完成生产任务。顶梁、底座、掩护梁三大部件焊缝探伤合格率百分之百！曾令龙带领的生产团队的努力付出，让驻厂德国监理从刚开始的不信任，转变到最后的由衷佩服、赞叹，竖起了大拇指。制造完成的液压支架发往德国进行压架实验，实现车间精益生产的里程碑！

（二）发挥党支部战斗堡垒作用，发扬"带"字传统

党支部充分发挥战斗堡垒作用，突出骨干党员班组，做实三个结合，发扬"带"字传统，重点围绕职工队伍建设、"三优一满意"班组建设，让党员形象"竖起来"、党支部作用"显出来"。

与"双培养"机制相结合，积极发挥党员"传帮带"的作用。焊接工区长党员王恩宪，不仅凭借自身过硬的焊接本领，考取了"国际焊接技师"资格证，更主动加入到车间焊接培训学校的筹办团队中。从管理制度、培训流程图、培训教案的编制，到焊接培训学校工装器具的制作，王恩宪都亲力亲为，并且毫无保留的将自己的经验知识都贡献给团队。他创作的"焊接七字歌"，成为每名电焊工的"心头好"。经过大家的不懈努力，车间支部建成占地 300 平方米，拥有理论培训区、实操训练区和焊接试样展示区的焊接培训学校，已陆续培训合格电焊工 171 人，其中 59 名电焊工通过德国卡特彼勒质量监理的手工焊接和 TIG 专项培训实操考试。压型班班长焦波则是"忠诚+担当"的杰出代表，不仅工作中认真履行岗位职责，更是屡次拒绝外部企业的高薪"挖角"。他始终认为，是企业培养了我，现在到了我回馈企业的时候了。在 ZF17000 型生产任务期间，由于工期紧、任务重，焦波充分发挥带头作用，吃苦在前，连续 15 天工作到凌晨两点，饿了吃包方便面，临时充饥一下，再继续工作。在焦波的带领下，压型班保质保量按期完成了 ZF17000 型支架的平板和压型工作，得到公司领导的认可，2019 年从入党积极分子发展为预备党员。截至目前已有 25 名青年职工向党组织递交了入党申请书。

与"1+1+N 党员联系服务群众"相结合，发挥"一名党员一面旗"作用。2020 年初面对突如其来的疫情形势，以"1+1+N 党员联系服务群众"为指导，坚持"互保互助，全员覆盖"的原则，自上而下建立了三级网格管理小组，形成了以车间领导班子、骨干党员为主的 30 人网格组长队伍，80 个网格单元。为避免管理漏洞，党支部

坚持"我是管理者、也是被监督者"的原则，将一二级网格组长同时全部纳入三级网格管理，让管理者在行驶管理权的同时，接受三级网格监督，真正实现了互保互助、阳光管理、全员覆盖。网格化管理反应迅速、信息准确，广大党员群众立足实际、主动担责、积极作为，扭转了特殊时期车间生产经营管理的被动局面。在网格化管理的带动下，疫情期间结构件车间形成了上下联动、群防群控的良好局面。在考勤、集体就餐中，职工均自觉保证 1 米以上安全距离，杜绝人员聚集，从根本上切断疫情传播途径，彰显了车间及职工个人高度的自保互保联保意识。当前，党支部正积极总结网格化管理经验，在实践摸索中不断完善，并逐步将网格化管理方法向安全管理、舆情管控和思想政治工作方向拓展。

与"三优一满意"班组建设相结合，发挥特色党建载体作用。党支部坚持把班组建设作为一项重点工作，结合生产实际，创新组织开展了"争做优秀员工、以优良工艺、打造优质产品，让下道工序满意"的"三优一满意"班组创建特色党建活动，让党员融入班组生产，以点带面，切实起到引领示范作用。针对车间生产准备区域、结构件制造区域分别按照月度一小评、年度一大评的形式，围绕优秀员工、优秀工艺路线、优秀产品质量、下一道工序满意程度四大项进行综合测评，对当月当选的班组给予 1000 元奖励；当年当选的班组给予 2000 元奖励。自 2019 年开展活动以来，各班组在安全、生产、质量、设备各方面"比学赶超"，紧密结合车间安全生产、降本增效、质量管控、人才培养等各方面开展工作。坡口班是通过操作坡口机器人实现坡口切割作业的班组，是车间职工文化层次最高的班组，也是"三优一满意"班组中的排头兵。凭借着团结协作共克难题的团队精神，坡口班按期完成了 ZFY21000 型、ZY20000 型、莫拉板样机、卡特彼勒样机等批量以及高端液压支架制造任务，产品一次交检合格率提升到 98%，实现下道工序质量零投诉。坡口班各项工作都以"三优一满意"班组创建标准为指导，通过不断的实验探索，解决了坡口切割面塌边、锯齿等质量问题，制作的划线工装成功杜绝尺寸超差现象，攻克了长条形工件双面坡口的技术难关。班长张继伟也成为一名入党积极分子，副班长陈加利被评为"优秀共产党员"，操作工董梅被评为东华重工"金牌员工""建功立业巾帼标兵"。2019年，坡口班被评为集团公司"双百优"班组。

（三）发挥党建统领作用，强化"融"字精神

党支部结合集团公司"双入双创"党建新模式，突出重点实施"三向发力"，发挥党建统领作用，推动党支部工作坚持围绕生产经营中心工作深入融合。

围绕生产关键环节强化"融"字精神。针对结构件车间设备种类多、数量大、维护保养难度大的实际情况，党支部牵头组织制定《车间 TPM 管理办法》，规范设备管理人员、维修人员、操作人员设备操作、维护、保养行为，不断提高职工设备操作技能，消除现场设备故障、隐患，优化设备管理流程，有效促进设备管理工作由事后维修模式向事前预防模式转变。2019 年，车间新购精密等离子切割机 2台。由于新设备缺乏相关经验数据，投入使用后不断出现切割缺陷，为下料这个生产首要关键环节带来极大制约。女党员朱丽同志主动请缨，查看设备说明书、从网上查阅资料并与厂家技术人员沟通联系、协同工艺部门优化程序。经过 270 多次验证调试后，摸索出一套切实可行的操作规范，切割效率达到传统火焰切割的 2—3 倍，工件切口边缘光滑、方正和无挂渣，切割尺寸完全符合工艺要求，产品一次交检合格率由最初的 76% 提升到 97%。减少了后期的返修，有效降低了生产成本。

围绕重点任务强化"融"字精神。党支部以车间急、难、险、重工作任务为中心，成立以支部书记步斌为队长，10 名党员为队员的"党员突击队"。为确保重点任务 ZFY21000 型液压支架生产任务

顺利完成，在时间紧、任务重的情况下，党支部牵头组织召开启动支架会战誓师大会，并与班组长签订了"督战书"，同时依托"两区四岗"成立了2个党员先锋队，突击急、难、险、重生产任务10余次。为推广智慧动能，加快推进机器人焊接达产达效，实现机器换人，缓解焊接人员不足的现状，党支部针对智能化焊接机器人班组，牵头制定《机器人焊接产量完成奖励和考核办法》，激发员工安全生产、提质增效、降本提效的内动力。副主任党员何鹏作为分管领导带领新组建的焊接小组每天工作12个小时以上，改进工艺、提升操作技能水平，不仅实现机器人焊接调试后焊缝探伤合格率达到100%，争创了"三优一满意"班组建设，更为车间培养出首批12名智能化焊接人才。突击队党员铆工一班班长孙兆保曾是一名退役军人。他时刻不忘"一颗红心，保卫祖国，服务人民"这个在部队许下的誓言。"有困难，孙班长第一个上""没有孙班长翻不过的火焰山"这是职工们对他的评价。他工作认真负责，善于总结经验教训，关爱年轻职工，勤于谆谆教导，带出了邢繁超、张京等一批青年骨干。此外，他还利用多年累积的工作经验，对ZFY21000型液压支架的顶梁侧护板焊接工艺进行大胆改进，保证焊接质量同时提升了工作效率，为车间节省钢材95吨左右，折合成本47.5万元。截至2020年5月，支部"双人双创"取得初步成果，共为车间创效98万元。

围绕和谐稳定强化"融"字精神。党支部积极融入群众，发挥桥梁纽带作用。创新建立"民主议事会"制度，从每个班组推选代表1人，实行月度例会制度，每月专题研究一线职工群众思想动态，分析存在的问题，提出意见建议。凡是涉及职工切身利益的难题，随时召开民主议事会商议解决。目前，民主议事会已成为车间推行厂务公开和民主议事的重要手段，在和谐建设中发挥着积极作用。党支部针对重点任务，注重为一线职工做好后勤保障，解决实际困难。在ZFY21000型液压支架会战中，党支部动员管辅人员在车间设置两个后勤服务点，现场配备热水、冷饮及防暑降温药品，并排定值班表轮流执勤，有效为职工解决后顾之忧。此外，党支部注重"集众智、解难题"，制定《合理化建议 CI 卡管理制度》，充分发挥职工群众主观能动性，推动全员创效，在全体职工中营造良好干事创业氛围。

近年来，车间党支部深入实施党建"三字"引领，在东华重工推进新旧动能转换，实施精益生产，推动企业在转型升级中取得卓越成绩，实现了车间产能、班组建设、员工技能全方位提升。车间数控下料人均日产能由 2.6 吨/班提升到 4.2 吨/班；焊接工序由原来人均 0.3 吨/班提高到 0.48 吨/班；培养了大批掌握精益生产管理知识的人才。车间党支部先后被评为集团公司"过硬党支部"、东华重工"四强党组织""先进党支部"、煤机装备制造分公司"过硬党支部"，车间被评为煤机装备制造分公司"先进单位"，党支部书记步斌被评为集团公司"先进党务工作者"、集团公司"十佳区队长"，副书记汤海宇荣获煤机装备制造分公司"先进党务工作者"称号。

"不忘初心、牢记使命"，成绩代表过去，结构件车间党支部将在今后的工作中，继续按照过硬党支部的要求，找准服务生产的切入点、当好党群之间的连心桥，重点推进党建示范品牌，打造党员创新团队，凸显支部特色，引领支部各项工作再上新台阶。

案例评析：该党建品牌体系相对而言是一个需要大力提升和打造的党建品牌体系，存在着这样几个问题：体系混乱，逻辑不清，内容重复、冗杂等。首先，这个党建体系的一个最大问题就是缺乏有效的理论支撑，从具体内容上来讲，这个党建品牌中的"亮、带、融"都是具体的落地方式，也可以说都是党建理论与实践生产结合的载体，如"亮"字发挥的作用，是指党支部充分发挥党员示范带头作用，通过党员亮身份、亮承诺、亮业绩等内容，……这些都不是理论支撑。因此，这个党建品牌的体系如果使用的话，需要全方位的提炼和打造。

三、矿业生产品牌案例

"金佳红帆 545" 党建品牌创建

盘江股份公司党委召开党建品牌建设推进会。会议重点推介了金佳矿党委创建"金佳红帆 545"党建品牌的有效做法，肯定"金佳红帆 545"是"叫得响、有特色的党建品牌"。这是金佳矿党委以"盘江先锋"党建品牌为指引，在推进"金佳红帆 545"党建品牌创建进程中取得的阶段性成果。

金佳矿党委于 2017 年底启动党建品牌创建工作。经过两年多的创建，建塑了"金佳红帆 545"党建品牌，并以此为抓手，把党建工作和中心工作全面融合，常态化制度化推进金佳矿党建工作质量提升。

"红帆"是金佳党建品牌的形象标志。"红"是中国革命的底色，是党坚守的政治本色。"帆"是把握方向、乘风破浪、勇往直前的象征。品牌名称中冠以"红帆"两字，蕴涵金佳矿党委不断追求的党建工作目标——"强根固魂（坚持党的领导、加强党的建设）、凝心聚力（传承红色基因、弘扬盘江精神）、引领发展（把握前进方向、引领金佳发展）"。

"545"是金佳党建品牌的支撑项目，内含"五加强""四凝聚""五引领"创建项目。"五加强"即加强政治建设、加强思想建设、加强组织建设、加强作风建设、加强纪律建设。"四凝聚"是以形势任务教育凝聚感召力、以综治信访维稳凝聚亲和力、以党建带工建凝聚向心力、以党建带团建凝聚新生力。"五引领"是引领安全发展、引领绿色发展、引领生产发展、引领经营管理、引领重点任务完成。矿党委用"五加强"实现"强根固魂"，用"四凝聚"实现"凝心聚力"，用"五引领"实现"引领发展"。

从 2018 年初到 2020 年初，金佳矿党委对党建品牌创建方案、考核办法及实施细则已经进行两次修订完善，从"强根固魂、凝心聚力、引领发展"三个方面细化了 57 个工作任务，优化确定了 57 个工作标准，实行考核激励，加大奖罚力度，奖励先进，鞭策后进。

金佳矿党委通过举办党支部书记和党务人员集中培训班、党委书记带队分别到各党支部开展针对性现场培训，以及各党支部"三会一课"宣讲、党建文化墙阵地宣传等多种形式，广泛开展金佳党建品牌宣传贯彻工作。目前，"红帆"这一品牌形象已经在党员心中刻印，"545"品牌支撑项目已在各支部有效推进实施。

金佳矿党委在党建品牌创建中注重突显"盘江先锋"品牌的特色亮点。把公司党委关于"盘江先锋"的要求，具体落实到"党支部三堡垒""党员六先锋"中。要求所有党支部都要成为坚强的政治堡垒、坚强的攻坚堡垒、坚强的服务堡垒。在建强党支部"三堡垒"的进程中，划分党员责任区、细化量化党员责任，制定六类党员先锋评比考核奖励办法，评选表彰"六类党员先锋"，常态化激发党员立足岗位争当"金佳先锋"，努力成为"盘江先锋"。

2020 年二季度，矿党委考核党建工作，9 个基层党支部有 7 个得分超过获奖分，获得矿党委表彰。采煤一区党支部还被盘江煤电集团党委授予"示范党支部"称号。7 月份，全矿党员干部团结带领职工围绕中心攻坚克难，安全生产全面向好，实现今年的首次盈利，党建品牌成效显现。

案例评析："金佳红帆 545"党建品牌体系内含"五加强""四凝聚""五引领"创建项目。"五加强"即加强政治建设、加强思想建设、加强组织建设、加强作风建设、加强纪律建设。"四凝聚"是以形势任务教育凝聚感召力、以综治信访维稳凝聚亲和力、以党建带工建凝聚向心力、以党建带团建凝聚新生力。"五引领"是引领安全发展、引领绿色发展、引领生产发展、引领经营管理、引领重点任务完成。作为一个矿企业的党建品牌体系提炼得很好，囊括了基本的理论支撑和落地实践支撑。而这里需要深化的是"四凝聚"，这个"四凝聚"必须使党的先进性作用进一步发挥出来，因此应对"以形势任务教育凝聚感召力、以综治信访维稳凝聚亲和力"内容必须进行充分的提炼和升华。

四、其他品牌案例

案例一：亮出自己的党建品牌
——安徽省分公司办公室党支部打造"一部一品"小记

"近期需要重点抓好'让党中央放心、让人民群众满意的模范机关'建设工作，这应成为我们'一部一品'创建工作的重要内容。"5月28日，安徽省邮政分公司办公室党支部召开支委会，就近期党建工作开展研讨，进一步部署"一部一品"创建工作。

"一部一品"是安徽省分公司于2018年在全省邮政各基层党支部标准化创建过程中开展的一项活动。一个党支部就是一个品牌，旨在通过搭建这样的平台和载体，充分发挥党支部的战斗堡垒和党员的先锋模范作用。

安徽省分公司办公室党支部有在职党员25名，占办公室全体员工总数的75.8%，其中，40岁以下党员13名，占在职党员人数的52%。办公室是企业管理的中枢，对内是信息传递的桥梁纽带，对外是形象展示的重要窗口，承担着诸多事关企业发展大局的工作。"一部一品"创建活动开展两年来，办公室党支部一直秉持党建工作与中心工作相融合的理念，不断进行探索实践，提出了"5432"品牌目标（"5"指坚持绝对忠诚的政治品格、坚持高度自觉的大局意识、坚持极端负责的工作作风、坚持无怨无悔的奉献精神、坚持廉洁自律的道德操守；"4"指履行好"办文办会办事督办"职责；"3"指服务中心、服务基层、服务发展；"2"指确保思想引领、确保支撑到位），并不断向着目标努力。

学习筑牢品牌根基

"本月仍将利用'中邮先锋'开展线上学习研讨，请大家根据学习目录提前做好发言准备。"2020年5月6日，安徽省分公司办公室党支部发布了当月的学习要点。学习是行动的先导，扎实的理论功底方能筑牢品牌创建根基。办公室党支部严格落实"三个第一时间"学习机制，结合"理论武装提升行动"抓好"三会一课"等组织生活制度落实，引导党员提高政治站位，提升大局意识。同时，制定年度、月度学习计划，确保应学尽学。

"集团公司、省分公司都召开了巡视动员会，要迅速整理讲话资料，修改本月学习计划，第一时间学习落实。"5月26日下午，党支部宣传委员接到了党支部书记的电话，按照"三个第一时间"学习机制要求，第一时间组织了相关巡视讲话精神的学习落实。品牌创建活动开展以来，办公室党支部第一时间组织学习各类中央讲话精神、集团公司文件和讲话、省分公司各类文件20余次，为创建自己的党建品牌奠定了扎实的理论基础。

根据实际，该党支部划分出两个党小组，组织小组成员以研讨学、互动学、分享学、实践学等形式，充分调动每名党员的学习积极性，提升学习效果。疫情防控以来，线下学习不便，办公室党支部就充分利用"中邮先锋"微信平台开展线上学习研讨，每月每个党小组学习不少于一次。"在我看来，建设模范机关就是一定要关注细节，办公室工作无小事，细节决定成败。"5月29日下午，第一党小组组长王昌正结合自身工作实际带头谈了感受。办公室人数多、工作职责复杂，划分党小组后，活动组织更加灵活方便。两个党小组根据实际情况，以线上线下研讨、赴渡江战役纪念馆参观学习、参加党员志愿帮扶活动等形式，已开展十余次互动学、实践学活动，进一步增强了党支部的凝聚力。同时，办公室党支部还重视青年队伍的培养，将40岁以下青年员工组织起来，成立青年理论学习小组，抓学习、搞研讨，促进青年员工的能力提升。

急难险重勇冲在前

"我报名！""我参加！""服从分配！"2月8日，在得知受疫情影响，合肥市邮政分公司包裹投递压力大，安徽省分公司党委开展包裹投递帮扶活动后，办公室党员、入党积极分子纷纷响应，全员报名要求参加，参加批次和区域服从组织安排，只求能为抗击疫情尽自己的一分力。寒冷的冬夜，在办公室工作微信群中，那一句句坚定请战的话语却无比温暖。

办公室工作繁杂，突发事件多，但是大家都克服困难，常态化参加帮扶工作。党员陈晨承担着每日疫情信息编发、文稿撰写等工作，"把我的家庭住址改为省分公司吧，这样帮扶结束可以第一时间回来处理公务。"就这样，他一边全力帮扶一边不误工作。"之前因为爱人生宝宝，排班方面已经照顾我了，现在我责无旁贷要上！"车队驾驶员边群好夜里照顾爱人、孩子，没有睡过一个完整觉，可在帮扶中仍然冲到第一线。疫情发生以来，办公室党支部共组织83人次参加安徽省分公司党委组织的5期10个批次的帮扶活动。

面对突如其来的疫情，办公室党支部向全体党员发出了号召，严格按照安徽省分公司党委要求，认真做好防疫措施制定、防疫物资保障等工作。党员们主动放弃休息，在全国防疫物资紧缺的情况下，积极转变思维、提前谋划，利用线上线下多方寻找货源，深入市场多渠道获取采购和供应信息，为全省邮政疫情防控提供了强有力的后勤保障和支撑。

融合助推中心工作

2020年2月初，新冠肺炎疫情防控阻击战打得如火如荼，安徽省分公司落实集团公司的决策部署，坚持"四不中断、四免费办"，树立了"国家队"的良好形象。作为省分公司党委的"喉舌"，办公室党支部坚持高度自觉的大局意识，主动加强与中央媒体和省内主流媒体的联系，建立起良好的邮媒关系。由于疫情原因实地采访不便，大家就积极搜集素材，成稿后报相关媒体。最初，因媒体每天都收到大量稿件，邮政报送的稿件难以刊发，大家就发动头脑风暴，决定"挖掘报送邮政最鲜活、最生动的抗疫案例"，其中以合肥邮区中心局组建13人"猛狼突击队"逆行武汉送物资的组稿引起了媒体的关注，先后被新华网、中国新闻网、安徽卫视等多家媒体报道。据统计，疫情防控期间，中央、省级各类媒体刊发（播放）安徽邮政抗击疫情稿件近200篇。

在日常工作中，办公室党支部结合"双联系"制度，以"不忘初心、牢记使命"主题教育为抓手，深入一线开展调查研究。2019年以来，办公室党支部党员分赴淮南、寿县、池州、安庆、六安等多地市开展调研，重点聚焦仓储配送能力建设，政务业务、国际业务发展情况等，形成调研报告4篇，针对寄递业务提出有针对性的意见建议近20条。党支部党员还结合各自承担的公文、采购、档案、保密、宣传等具体岗位职责，组建上门送教小分队，截至目前，已基本实现全省16个地市送教全覆盖。在办公室党支部的努力下，全省邮政精简文件、会议目标基本实现；全省邮政公开招标率和公开采购率均超过91%，提前两年完成集团公司的目标要求。

通过"一部一品"创建活动的开展，安徽省分公司办公室党支部全体党员立足岗位作贡献、担当实干争先锋，以忠诚的政治品格、高度自觉的大局意识、认真负责的工作作风，经受住了重重考验，亮出了自己的党建品牌。

案例评析："5432"品牌目标

"5432"品牌目标的具体内容是，"5"指坚持绝对忠诚的政治品格、坚持高度自觉的大局意识、坚持极端负责的工作作风、坚持无怨无悔的奉献精神、坚持廉洁自律的道德操守；"4"指履行好"办文、办会、办事、督办"职责；"3"指服务中心、服务基层、服务发展；"2"指确保思想引领、确保支撑到位。这个党建品牌体系中理论和实践的内容都有，逻辑性相对较强是其较为明显的特点。就整个体系的具体内容来讲，还可以将"5"个方面的理论进行提升和简化。当然，这个党建品牌体系中关于落地的内容相对较多，因此，在实际操作中，如何设置一个能够具有合理性的载体至关重要。

案例二："党旗红，陕鼓强"党建品牌

"创建'党旗红，陕鼓强'的党建品牌，是陕鼓集团深入贯彻落实习近平总书记关于国有企业党建工作会议精神，以党建促经营，以党建促发展的具体实践，也是陕鼓集团在新时代下持续追赶超越的政治担当和党建特色。"陕鼓集团党委书记、董事长李宏安说。

据介绍，陕鼓集团全面深入贯彻落实习近平总书记关于国有企业党建工作会议精神，特别是2018年以来，在省市区各级党委的领导下，围绕"一二三四五"的工作模式，通过强化"一条主线"即：长期开展以"不忘初心、牢记使命"主题教育为主线；突出"两个重点"，即以提升党的组织力为重点，突出党的政治功能为重点，体现党委把方向、管大局、保落实的引领作用；建强"三支队伍"（即：党组织带头人队伍、党务工作者队伍、党员队伍；党组织带头人队伍、党务工作者队伍体现先进引领，党员队伍体现政治素质优、岗位技能优、工作业绩优、群众评价优）；抓实"四项长效工作"（即：抓好党的精神理论学习贯彻落实、抓好基层党建工作规范化制度化建设、抓好思想动态及和谐稳定工作、抓好党风廉政建设）；聚焦"五个面向"（即：党的理论学习，不仅要面向党的知识，也要面向企业文化；党的服务对象，不仅要面向全体党员，也要面向全体员

工；党的工作内容，不仅要面向党务党建，也要面向战略落地；党的业务范围，不仅要面向企业内部，也要面向外部市场；党的中心工作，不仅要面向党的建设，也要面向核心能力建设），强化党建工作，创建"党旗红，陕鼓强"的陕鼓党建品牌，在政治担当中将党的建设与企业生产经营深度融合，推动企业效益、核心竞争力的持续提升。

案例评析：从"一二三四五"的工作模式的基本框架来看，其内容相对完整，符合党建体系的归纳和提炼方式。从具体内容上来看，这个体系需要注重逻辑问题，党建体系不是简单的罗列，要注意一个层级与另一个层级的逻辑，要么是并列，要么是递进关系。比如在体系中的建强"三支队伍"与聚焦"五个面向"实际上是并列的关系，因为抓实"四项长效工作"这方面的内容就是党的组织建设的理论层面，既然是理论层面必须有对应的内容，即抓实"四项长效工作"，分别为抓好党的精神理论学习贯彻落实、抓好基层党建工作规范化制度化建设、抓好思想动态及和谐稳定工作、抓好党风廉政建设，那么这些理论层面的内容必须有落地内容相对应，显然，"三支队伍"建设和"五个面向"中，尤其是"五个面向"中缺乏相对应的地方。

案例三："红色动能"

四川中烟什邡卷烟厂以"红色动能"为载体推进"雁行宽窄"党建品牌建设

为提高党建工作质量，四川中烟什邡卷烟厂提出以"红色动能"为载体，通过抓实"六红六力"，实现"141123"建设目标。建立一套"雁行标准"体系、锤炼四支"雁行担当"队伍、建强一批"雁行坚强"堡垒、打造一批"雁行示范"先锋、建立两个"雁行教育"中心、搭建三个"雁行智慧"平台。

高举"红色旗帜"提升党委领导力。通过突出决策引领把方向、突出领导作用管大局、突出压紧责任保落实，充分发挥党委领导作用，稳稳把握企业发展正确"航向"。

培育"红色头雁"提升干部引领力。通过着力厂领导班子建设强带动、着力中层领导班子建设敢担当、着力后备干部培养添活力，充分发挥领导班子和中层干部"头雁效应"。

育强"红领队伍"提升队伍战斗力。通过建强管理队伍、建强技术队伍、建强技能队伍，切实提升人员业务能力，打造一批高素质人才队伍。

建强"红色堡垒"提升基层组织力。坚持强基固本筑堡垒、坚持丰富载体建平台、坚持主责主业有作为，着力强化基层组织的政治功能，发挥攻坚克难促发展的战斗堡垒作用。

激活"红色先锋"提升党员带动力。通过注重示范引领争先锋、注重红色教育强党性、注重量化管理做表率，使广大党员平常时候看得出来、关键时刻站得出来、危急关头豁得出来。

筑牢"红色责任"提升执纪监督力。通过聚焦廉政建设抓教育、聚焦政治生态抓机制、聚焦正风肃纪抓监督，不断强化党员干部纪律规矩意识和廉洁自律意识。

案例评析：从根本上讲，这个党建品牌"雁行宽窄"，并没有真正把握住这个品牌的党建品牌体系。虽然在表面的提法上是一个体系，如"六红六力""141123"等，但是这里要表达的是党建品牌体系，应该是既有理论又有落地载体。从"141123"的内容来看，这是一个建设目标，通过党建与生产经营之间的融合所要实现的目标。而对"六红六力"来讲，虽然有一些理论性的内容，但是整个理论与落地的"141123"衔接不起来。所以，建立一个完善的党建品牌体系必须进行理论和落地方面的归纳融合。

第五章　党建品牌落地

党建品牌落地是一切党建工作的指向，也是真正实现国有企业党建与生产、经营融合的具体表现形式。从根本上讲，党建品牌落地就是要发挥"党支部建在连上"的作用，就是通过基层党组织在组织企业人员从事生产，党员个人在岗位上发挥出先进作用，使企业实现在生产、经营、服务等行业上的高质量发展。

就整个落地的形式而言，主要依托党建品牌载体实现，即主题实践、支部建设、党员教育管理、党员示范岗和创新创效岗等。但就整个落地的内容来讲，主要分为这样几大类：党组织的统领；党员先进性发挥作用；党组织、党员负责制等。

第一节　党建品牌落地的基本要素

党建品牌落地的要素，事关党建与生产、经营融合的现实情况，具体包含了企业的生产、经营中的情况以及生产、建设的特色，组织建设情况和品牌构建中的体系构建。

一、现实要素

党建品牌落地中的现实要素是做好企业党建品牌建设的基础，因为这些现实因素决定了党建品牌最终采取怎样的方案落地。概括起来，党建品牌的现实要素分为企业性质、特色特长、企业的目标和目的、企业人员基本状况等。

进行党建品牌建设，首先要考虑的就是企业的性质和类型，也就是说这个企业是做什么的，到底是属于生产经营或者建设，还是服务行业企业类型的问题？因为生产、建设和服务这三个类型的企业，进行的品牌建设是不一样的，而且有着很大的不同，这就决定了进行品牌建设的方向有着根本性的不同，也从根本上避免了党建品牌与企业的实际状况相脱离，出现党建与企业实际"两张皮"的问题。

进行品牌建设的基层党支部所处的现实情况，更是进行品牌建设党支部要考虑的。因为每个企业的生产、建设环节都是不一样的，如有的生产企业，有的环节注重的是生产，有的注重的是售后服务，有的注重的是初级加工，有的注重的是精品打造等。再如，有的生产企业中，有的部门在生产的同时强调安全，有的部门注重创新研发，有的部门注重产品组装等，所以在同样的生产企业中，每个党支部在所处的不同生产环节中开展党建品牌建设的角度和侧重点并不一样。以注重研发的生产部门为例，进行党建品牌建设就要从自身的研发职责出发，让党员在产品创新和研发中发挥先进和带头作用。

总而言之，企业的性质和类型决定了党建品牌的根本目标，党支部所在的不同生产、经营环节决定了党建品牌的形式和内容。

二、组织状况要素

组织状况要素决定了党建品牌建设的广度和深度。党建品牌建设从根本上讲就是发挥基层党组织和党员的先进性，所以一个企业的组织状况对党建品牌建设程度具有决定性的影响。其中包括党员素质，党员数量，党组织建设制度化、规范化状况。

以党员状况来讲，一个具有较高知识结构的党员队伍，决定了党建品牌向创新创效发展更能突出自身特色。比如有的是研发性质类的企业，那么党建品牌就要着眼于产品的研发和创新，对于这种情况一般采用党员创新创效的形式实现，根据现有的经验，一些企业采用了党员先进工作室进行党建与研发融合，通常由具有较强研发能力的党员组建团队，以其为研发核心，建立研发队伍，制定研发目标，实施创新研发。同样的这种情况适用于建筑企业、市场销售企业等，由党员先进个人组建建设突击队或者市场开发团队，高质量和高效率地完成工作任务。

　　一个企业的党员数量和分布状况，决定了到底采取什么样的党建品牌方式更具有合理性。比如有的航运企业将党支部建在船上，这样的想法很好，但是受到党员数量的制约，这样的党支部怎样建起来，建起来之后怎样合理有效地发挥党员的职责，都是需要认真考虑的。还有的经营企业，在某些片区里面建设党建品牌，但是党员较为分散，怎样把党员凝聚起来，在党支部的领导下发挥作用，这些都是要解决的问题。所以，通常在党员分散和数量不足的状况下，建立联合党支部较为合理，能够多方兼顾。对于外包企业来讲，重点在于如何在外包工程的进度中实现党建统领，更好地实现承包方和外包方的工程统筹，这就决定了这样的党建品牌落地以党支部联合共建的方式开展，较为合理和现实。

　　一个企业的基层党组织建设的制度化、规范化情况也决定了企业党建品牌的落地情况。企业基层党建组织建设的情况决定了党建品牌的组织基础。因此，在进行支部品牌建设时，就应该依据已有的党支部建设中的优势作为品牌建设的抓手。如一些基层党支部根据党员教育的状况，打造一支高质量的生产队伍，而将党员建设归结为制度化、标准化和常态化。有的对支部建设进行归纳，作为党建品牌的一个阵地建设抓手，如支部建设的常态化、制度化和标准化；或者依托于支部建设和党员管理教育的定责任、定考核和定目标作为党建品牌建设的基础。

在党支部品牌建设过程中，最重要的就是对基层党支部的状况进行归纳和提炼，因为这是品牌建设的理论支撑点，所以在品牌建设中，当一个地方党支部建设得有基础、有功底时，构建出来的支部品牌就有底蕴、有内涵。但是对于一些支部建设存在不成体系化的问题时，就要根据品牌建设的需要指出基层党支部建设需要努力的方向，并将其纳入品牌体系之中。

三、功能要素

功能要素是党建品牌落地之后发挥的实际作用，这是衡量一个品牌价值的主要指标。从功能要素来讲，党建品牌的功能要素主要分为政治功能要素、经济功能要素、文化功能要素、队伍建设要素等。

党建品牌的政治功能要素，就是发挥党组织和党员的先进性，突出国企党建的政治属性问题和确保国企的政治方向。根据 2016 年习近平总书记在国有企业党建工作会议上的讲话要求，国企党建必须明确的问题：一是坚持党的领导、加强党的建设，这是我国国有企业的光荣传统；二是坚持党对国有企业的领导不动摇，发挥企业党组织的领导核心和政治核心作用，保证党和国家方针政策、重大部署在国有企业贯彻执行；三是坚持建强国有企业基层党组织不放松，确保企业发展到哪里、党的建设就跟进到哪里、党支部的战斗堡垒作用就体现在哪里，为做强做优做大国有企业提供坚强组织保证。因此，国企党建品牌必须做到这样几个方面，才能确保国企政治方向，从而确保党建品牌的政治属性。

对党组织而言，就是要通过对职工群众的组织、宣传和引导以及对党员的教育、管理，让支部成为团结群众的核心、教育党员的学校、攻坚克难的堡垒，实现企业发展中凝聚各方面力量，通过党建品牌建设确保国有企业基层党组织的各项制度建设不断完善。党建品牌建设，要坚持全心全意依靠工人阶级的方针，要健全以职工代表大会为基本形式的民主管理制度，推进厂务公开、业务公开，落实职工群众的知情权、参与权、表达权、监督权，充分调动工人阶级的积极性、主动性、创造性。企业在重大决策上要听取职工意见，涉及职工切身利益的重大问题必须经过职代会审议。要坚持和完善职工董事制度、职工监事制度，鼓励职工代表有序参与公司治理。通过党建品牌建设，进一步贯彻落实习近平新时代中国特色社会主义思想，强化理论武装，确保国有企业牢靠的思想阵地。

经济功能要素，就是党建品牌实现与生产、经营和服务的融合，能够为企业自身不断创造实际的经济价值。习近平总书记在 2016 年国有企业党建工作会议上提出：要坚持服务生产经营不偏离，以企业改革发展成果检验党组织的工作和战斗力。因此，企业党建品牌不管怎么搞，都要通过党组织组织力和战斗力的发挥，凝聚各方面的力量，最终实现发展。基层党组织要担负起企业安全生产的职责，减少生产事故发生和生产浪费。同时通过党建品牌建设，以基层党支部为基础，发挥每个党支部党员的先进性作用，进行创新创效，为企业发展保值、增值。党建品牌建设的一项重要内容就是要以党员为代表，树立典型模范形象，以实现带动企业职工队伍，提高企业生产和服务质量，从根本上推动企业高质量发展。

文化功能要素。国企党建品牌不仅具备经济功能，还要有文化功能。具体来讲，国企党建品牌的文化功能主要包括这样几个方面：一是国企党建品牌必须反映企业文化内涵；二是党建品牌必须展示企业的党建文化宣传；三是党建品牌必须体现企业人文气息。国企党建品牌必须反映企业文化内涵，这主要体现在企业的党建品牌建设的出发点和主旨方面。因为任何一个党建品牌的构建都要有目的性，这个目的性就是企业从事生产、经营的价值追求，而这个价值追求就是企业在长期发展中所积累的自信和企业发展规律的把握。为了实现企业自身的发展目标，要通过党建品牌建设加以推进和发展。另一个方面，党建品牌建设所体现的企业文化内涵还反映在日常的企业管理之中。从某种意义上讲，党建品牌体现了基层党组织和党员在企业发展中的责任和担当，为了确保这些责任和担当，必须对党支部成员形成考核的责任体系，所以必然融入企业的考核管理方式，从某种程度上讲，一个企业的考核管理也是一个企业文化理念的反映。此外，党建品牌不仅有责任到位的措施以确保党建推动企业发展，还要建立起人文关怀，通过激励帮扶机制，全面调动党员和职工的积极性，投入到生产之中。如一些企业以党组织为核心建立的先进帮扶、党员结对职工、慰问企业职工家庭等，这些都是一个企业在发展中建立的人文关怀，而通过党建品牌进一步强化了这一功能。

队伍建设是企业党建品牌的重要组织部分，是构成企业党建品牌的基本要素。任何一个企业的发展离不开人才队伍建设，任何一个企业的发展归根结底要落实到"人"这一根本性问题上，人才队伍建设决定了这个企业的未来能走多远的问题。党建品牌建设的一个重要内容就是落脚到职工队伍建设上。可以说，党建品牌落地的很多措施有助于解决企业人才队伍建设问题。如党建品牌中包含的党建沙龙项目对职工安全生产知识和生产技能的培训，很大程度上提高了职工的业务素质和安全理念。大讲堂项目有助于提高职工的思想素质，增强其生产经营的自觉性。党员带队伍方案的实施，有助于职工的职业素养和敬业精神的提升。

第二节　党建品牌落地方案的制定与规划

党建品牌落地方案需要从六个方面来把握，即目的明确、着眼现实、突出特色、操作实践、职责明确和具有效益价值。

一、目的明确

党建品牌的落地就是讲党建在实际生产、经营中的应用，但不管怎样应用，都讲求目的性，就是做这个品牌的目的是什么，落地的目的是什么。不管怎样品牌落地都要掌握其目的性，让人一眼看出这个品牌的目的。当然，这个目的性的呈现可能较为单一，这样更容易被人看出。

比如有的海上运输企业开展名为"红帆"领航的党建品牌建设。这个名字呈现出来的就是通过党建引领海上运输，所以在品牌落地过程中就紧紧围绕党建融入海上运输而打造。又如有的企业打造了"三先"党员党建品牌，显然这个品牌名称就表明了其目的性，就是要发挥党员先进性，塑造这样一支先进典型的党员队伍，所以在具体落地时，紧紧围绕如何发挥党员先进性和塑造党员而开展。

二、着眼现实

党建品牌落地方案的制定必须着眼于现实，这个现实就是企业性质和类型的现实。党建品牌方案还要着眼于已有的党建状况，包括党员多少问题，党支部多少问题，党支部功能是否健全的问题，这决定了党建品牌落地的实际效果和执行状况。

一般来说，一个企业的生产、经营是最根本性的东西，决定了党建品牌的目的和呈现的方式，换言之，每个企业都有不同的实际情况，这就决定了党建品牌必须依据情况而做。具体来说，服务业的企业必须将党建品牌落地于服务功能的完善，生产类的企业必须将党建品牌体现在产品质量乃至售后服务的问题上，运输行业的企业必须将党建品牌用于运输安全上，等等。

实际上，即使同类性质的企业，内部的生产、经营状况也是千差万别，这些现实问题决定了党建品牌建设有着本质的差异。比如，同样是煤矿企业，其内部各有实际问题，有的是新开发的矿，这就决定了研发、创新创效是首要的问题。对于老矿而言，职工老化、效益下滑和实现转产等问题则成为首要问题。因此，在党建品牌建设中就要注意这些问题的解决，不仅实现了促生产，还做出了特色。比如，有个老煤矿企业，作了党员结对帮扶老人的项目，非常有特色。这是由这个企业的现实情况决定的，那就是这个煤矿企业是老企业、老矿区，基本都处于缩减的状况。那么对于这个企业来讲，为了继续发展，将向外转移和转产，将新的煤矿转产到了内蒙和新疆，使企业年轻职工到外地工作。这样就带来了一个问题，这些年轻职工一旦到外地，家里老人的生活困难需要解决。在这种情况下，企业为让年轻职工安心工作，解决老矿发展的负担，这家煤矿企业建立党员结对帮扶品牌，其主要做法一是成立党员志愿小组，二是党员与老人结对，三是建立帮扶清单等。不难理解，这个企业之所以有这一党建品牌的落地，是由诸多实际情况决定的。这种状况是其他企业所不具备的，而这种独有的状况决定了党建品牌的特色。

三、突出特色

党建品牌要有特色优势，换言之，对自己企业擅长的地方要不断发挥出党建优势，这样有利于企业党建文化的发展和党建品牌的宣传，更重要的是有利于企业的发展。实际上，党的十八大以来，随着党建品牌的推开，很多地方的党员责任区、党员创新创效等都有所开展，对于企业党组织而言，就要发挥出自己的生产、经营特长。所以在党建品牌方案制定时，就必须突出自己的特长，通过特长构筑党建品牌的特色。

同样，在突出特色方面，通过组织设置创新来实现品牌落地，也是非常值得探索的。2018 年的《中国共产党支部工作条例（试行）》

中明确提出，要结合实际创新党支部设置形式，使党的组织和党的工作全覆盖。所以对于一些党员分散的经营单位，以及受自身条件限制较大的运输行业等单位来说，进行党支部品牌建设时，更需要组织设置创新，对于这样的党支部建设，应更多地发挥地域优势，以地域相近原则开展共建活动。对于远洋运输企业而言，可以借助现代的媒体技术，开展海岸联建等方式，以确保党组织对运输企业的统领。

特别值得注意的是，关于街道楼宇党支部创新设置，《中国共产党支部工作条例》要求在专业市场、商业街区、商务楼宇等符合条件的地方成立党支部，这就为积极开展品牌创建活动提供了组织条件。对于这样的一些经营单位，可以依托于附近的党群工作部，积极开展共建活动；还可以与附近的社区基层党支部开展共建活动，这对于实现社区的治理和构建具有重要作用。

四、操作实践

党建品牌最重要的一个特点就是能够用党建解决生产、经营中的实际问题。因此，制定一个党建品牌方案关键在于具有实践性和可操作性，否则这个党建品牌就失去了存在的价值和意义。要使党建品牌具有实践性，必须注意这样几个问题。

在制定党建品牌方案时首先考虑到的是解决什么问题，因此，必须做好党建与生产、经营和运输等结合的问题。就其具体的制定党建品牌方案实践性的衡量标准而言，一是必须注意基层党组织在实际生产中所处的位置和发挥的作用。二是怎样发挥党员的引领、帮扶和激励作用。

对于基层党组织而言，党建品牌的构建不是游离于生产、经营之外的，而是必须成为生产、经营的核心，具体来讲，基层党组织必须对生产、经营中的一些计划和规划具有统领作用，能够动员和组织党员和普通职工参与计划的制定、执行，为企业的发展建言献策；能够充分采纳企业职工的意见，并能够通过组织转化为具体的行动；能够真正起到关怀和帮助职工及其家庭的作用；能够促进党员和职工开展社会公益性活动；等等。

对于党员来讲，其实践性就是通过参与到企业的生产经营之中，对企业发展能够发挥建功立业的先锋作用。党建品牌的关键点在于必须把党员置身于企业生产经营的核心环节，不是将其置于高高在上的地位，无论在什么岗位上都要发挥带头的作用。比如党员的先锋岗评比，就是对党员进行建功立业的引导，努力破解工作中的难点问题，不断提升产品的质量，不断提高实际的生产效率，使客户的满意程度得到提高，将生产的成本降到最低。

五、职责明确

党建品牌的一个重要特点是责任明确，就是党支部要明确自己的责任担当是什么；党员要明确自己的责任是什么，甚至要明白一旦失职带来的后果是什么，就考核而言肯定是要严于普通职工的，必须做到吃苦在前、享受在后。就职责而言，党支部有党组织的职责，党支部成员有成员的职责。

党支部必须明确的职责就是如何组织和引导党员和职工积极投身生产、经营，发挥攻坚克难的战斗堡垒作用；如何把握大方向，保落实，确保党中央的方针政策宣传到位，企业的各项生产政策和支部建设要求得到落实。

党支部的成员职责各有不同。在党建品牌建设中，无论是党员还是党支部书记、党支部委员都要担负起各自职责。党员是处于生产、经营一线，起到亲身示范和亲自担当责任的作用。如包保责任区，由党员担负起一定区域范围的安全责任；创建党员示范岗，党员必须担负起这一责任，起到示范和带领的作用。事实上，在党员品牌建设中，党员要明确自己责任，一般情况下，在进行责任分工时，支部委员还要担负起几个党员所担负的责任，同样党支部书记在整个党支部所担负的区域内担负总责，这样使得整个企业生产责任明确，能够实现共管。所以党建品牌建设能够从根本上解决企业生产经营的责任问题。

六、具有效益价值

效益价值就是党建品牌最终发挥的作用要靠企业的生产、经营效益来衡量，也就是说，一个失去效益价值的党建品牌也就失去了它的实际意义。党建品牌的效益价值主要分为：政治效益、经济效益和社会效益等。

政治效益，就是指企业通过党建品牌建设能不能有效地抓好企业的基层党组织建设，建设和管理好党员干部队伍，能不能更好地体现企业的政治属性。国有企业党组织必须把党的政治建设摆在首位，担负起党的政治建设责任，提高政治站位，强化政治引领，增强政治能力，涵养政治生态，防范政治风险，坚决落实党中央决策部署，推动企业聚焦主责主业，服务国家发展战略，全面履行经济责任、政治责任、社会责任。因为任何一个党建品牌建设都离不开以基层党支部为核心的各项建设，包括支部的制度化、标准化和精益化等方面，这在很大程度上促进了基层党支部的建设，巩固了其战斗堡垒的地位。同时党建品牌建设就是要建设一支能战斗的党员队伍，党员队伍在企业生产经营中能够挑起大梁，发挥主心骨作用。

关于政治效益，根据《中国共产党国有企业基层组织工作条例》的规定，着重要做到这样几点：1. 坚持用党的创新理论武装党员干部职工，突出政治教育和政治训练，推动习近平新时代中国特色社会主义思想进企业、进车间、进班组、进头脑，引领职工群众听党话、跟党走。开展中国特色社会主义和实现中华民族伟大复兴中国梦宣传教育，加强爱国主义、集体主义、社会主义教育，抓好形势政策教育。2. 坚持以社会主义核心价值观引领企业文化建设，传承弘扬国有企业优良传统和作风，培育家国情怀，增强应对挑战的斗志，提升产业兴国、实业报国的精气神。深化文明单位创建，组织开展岗位技能竞赛，开展群众性文化体育活动，弘扬劳模精神、工匠精神，大力宣传、表彰先进典型，发挥示范引领作用，造就有理想守信念、懂技术会创新、敢担当讲奉献的新时代国有企业职工队伍。3. 坚持党建带群建，充分发挥群团组织桥梁纽带作用，推动群团组织团结动员职工群众围绕企业改革发展和生产经营建功立业，多为职工群众办好事、解难事，维护和发展职工群众利益。

经济效益，就是指企业通过党建品牌建设所产生的经济效能，以及带来经济产值和收益的问题。在党建品牌建设时，应当从这样几个方面考虑所产生的经济效益：一是通过党员的先进性，实现创新创效问题；二是通过党员责任区的划分，实现生产责任安全无事故；三是通过党员示范岗，包括技术岗和服务岗，实现带队伍，最终达到提升服务和生产质量品牌的目的。其实，党建品牌建设所带来的经济效益不止这些，还有更多的潜在的经济效益，甚至表现出来的长远的经济效益。比如党建品牌建设中涉及职工队伍建设的问题，加强职工各项素质提升的培训、训练问题。这些都为企业长期经济效益的实现提供了有效的途径。

社会效益，就是企业通过党建品牌建设所带来的社会影响力，具体是指基层党组织所发挥的凝聚、组织和引导群众的能力，党员通过先进性活动以及相关公益活动所带来的社会示范效益。企业通过党建品牌建设能够产生社会影响力，也就是为自己所树立起来的社会声誉，这是党建品牌建设所必须考虑的一个问题。

第三节　党建品牌的落地实施

　　党建品牌建设的目的就是要落地，就是用党建解决生产、经营中的实际问题。从理论上来讲，党建品牌的落地就是将党支部的组织功能真正发挥出来。根据党章，党支部的组织功能主要分为这样几个方面的具体内容：一、宣传和执行党的路线、方针、政策，宣传和执行党中央、上级组织和本组织的决议，充分发挥党员的先锋模范作用，团结、组织党内外的干部和群众，努力完成本单位所担负的任务。二、组织党员认真学习马克思列宁主义、毛泽东思想、邓小平理论、"三个代表"重要思想、科学发展观和习近平新时代中国特色社会主义思想，学习党的路线、方针、政策和决议，学习党的基本知识，学习科学、文化、法律和业务知识。三、对党员进行教育、管理、监督和服务，提高党员素质，增强党性，严格党的组织生活，开展批评和自我批评，维护和执行党的纪律，监督党员切实履行义务，保障党员的权利不受侵犯。加强和改进流动党员管理。四、密切联系群众，经常了解群众对党员、党的工作的批评和意见，维护群众的正当权利和利益，做好群众的思想政治工作。五、充分发挥党员和群众的积极性创造性，发现、培养和推荐他们中间的优秀人才，鼓励和支持他们在改革开放和社会主义现代化建设中贡献自己的聪明才智。六、对要求入党的积极分子进行教育和培养，做好经常性的发展党员工作，重视在生产、工作第一线和青年中发展党员。七、监督党员干部和其他任何工作人员严格遵守国法政纪，严格遵守国家的财政经济法规和人事制度，不得侵占国家、集体和群众的利益。八、教育党员和群众自觉抵制不良倾向，坚决同各种违法犯罪行为作斗争。

　　结合实际情况，根据党章所规定的内容，党建品牌的落地重在这样几个方面：强化理论武装；教育和管理党员；联系群众；先进性发挥；创新创效；育先树优；发挥监督作用；等等。

一、组织功能落地

党组织功能落地就是充分发挥"党支部建在连上"的功能，在生产过程中发挥领导功能，突出政治功能。虽然各个企业的情况千差万别，但是党组织的功能都是一样的，因为党章都有着明确规定。在实际操作中，对于组织功能的落地，还是要基于党章所规定的几个方面。

（一）党支部结对共建方案

下面介绍一个党支部结对共建的典型案例。为深入贯彻落实习近平新时代中国特色社会主义思想，按照国有企业党建工作会议、党的十九大、十九届四中全会关于建立健全企业党组织的基本要求，根据新颁布《党支部工作条例》《中国共产党国有企业基层组织工作条例（试行）》，大东环项目部党支部开展了"结对共建，争创佳绩"活动，推动"红路"党建品牌建设，并结合实际提出如下实施方案。

1. 指导思想。以习近平新时代中国特色社会主义思想为指导，以党建引领建设为主线，以开展结对共建为载体，以培育树立先进基层党组织和优秀共产党员为目标，针对共建双方的工作特点，整合共建双方的现有资源，调动共建双方的积极性，打破单位组织界限，努力争取通过共建活动，实现基层党建工作优势互补、融合互动、协调发展，为加快推进"大东环"区域建设提供强有力的组织保证。

2. 活动原则和总体目标。根据"组织调控、平等自愿，因地制宜、量力而行，突出重点、注重实效，互利双赢、优势互补"的活动原则，积极探索组织联建、党员互动、活动互联、工作互助、资源共享、经验共鉴、共同发展的有效途径，实现党建工作基础更扎实、党组织战斗堡垒作用更明显、党员干部的先锋模范作用更突出、党建引领建设、共建共享建设得到更有力推进的目的。

3. 共建形式。第一是组织建设互促。（1）在制度规范化建设上相互促进。在大东环项目部党支部制定的党员规范方面将其纳入，比如党员先锋岗、建设安全包保责任区负责人或监督员、党建沙龙参与等。（2）在培养入党积极分子和党务骨干上相互帮带，在开展党建活动上相互合作，在总结经验上相互借鉴等，共同推动各项工作不断取得新进展。

第二是组织生活共同参与。（1）共享党建组织场所。比如党建沙龙组织活动场所、支部活动室等公共设施资源要实行双向开放。（2）党支部之间做到结对党组织联谊活动制度化、经常化。共同组织主题党日活动，如共同参观红色基地，接受党性教育；共同组织社会公益活动，增强社会责任感；共同组织党员生日、七一、十一等重大节日活动，增强党员的使命感。（3）党支部组织重大学习活动或者举办报告讲堂时，将组织对方党员一起学习，同时邀请对方党员进行讲授党课等。

第三是组织监督共同参与。（1）双方党员干部共同参与重点施工段建设监督，在各自监督同时，做到彼此监督，发现问题及时汇报对方施工段负责人。如施工过程中的偷工减料、违规操作和违反安全规定的建设等。（2）组织生活监督。对于党员干部的违规行为，要及时汇报给党组织，如发现的问题能及时指出的就必须及时指出。对于发现的典型事迹或人物也要及时上报。

第四是党员干部互动交流机制。（1）确立党员干部定期（一月）交流日，通过开展党员干部学习经验交流会、作形势报告、互通支部工作情况、党课教育、组织参观重点工程或重大项目等形式。（2）组织双方党员干部定期进行交流参观。一般一个季度一次，双方党员干部到对方进行互访、互学，尤其是参观对方党建品牌建设、企业安全建设等内容为重点。

第五是建立工程施工交流制度。（1）建立定期建设进度汇报机制。一月或半月由大东环项目部组织双方党员或者负责人就整个工程进度、安全建设等状况进行汇报讨论。（2）建立建设公关突击小分队。小分队由双方党员或负责人共同组织，在面临建设难点或者突击进度时发挥组织合力，形成共同决策，双向负责制度。

第六是建立社区共建活动。（1）在社区共建活动中，大东环项目部党支部积极纳入对方党支部党员，一起参与共建，以发挥专长为目的。（2）大东环项目部党支部也积极参与对方党支部的社会共建活动，充分发挥党支部的组织力、凝聚力。

4. 组织领导。（1）把联合共建活动纳入大东环项目部党支部年度、季度和月度规划安排，统一制定具体的共同重点学习活动或交流活动。（2）建立联络员制度，推进共建活动有序开展。结对双方分别确定1名工作人员担任联络员，具体负责结对共建工作计划制定、工作对接及有关活动组织等工作。明确共建目标、主要任务、完成时限等，确保工作落实。（3）培育先进典型，营造良好氛围。加强相互交流与沟通，发动党员积极参与，共同为党的建设献计献策，根据自身的实际创造性地开展结对共建工作。要及时发现身边的典型人和事，总结共建活动中的好做法、好经验和好事迹，培育树立结对共建典型，并充分利用各种新闻媒体，加大宣传力度，营造良好的共建氛围，形成广泛的社会共识，确保结对共建工作取得实效。

（二）党员联系群众制度方案

党员联系群众制度，是党支部建设进班组的重要形式。创建党员联系群众制度的目的就是为了充分发挥党支部教育党员、管理党员、监督党员和组织群众、宣传群众、凝聚群众、服务群众的职责。切实了解职工群众的思想状况、工作状况、实际生活等，以解决群众实际困难等为重点。

党员联系群众制度的基本工作方法包括以下几个方面。

1. 职责划分。党支部书记是联系群众的第一责任人，党支部委员分别负责联系工作。划分为几个片区，每个片区都建立专门的联系点。一个片区一个负责人，了解群众的基本情况。

2. 纳入考核机制。每个党员要不断提高对联系群众制度的认识，自觉行动，真正把联系群众工作落到实处。支部委员、党员联系群众工作将作为年终评选各类先进的重要依据。

3. 具体工作方式如下：

第一，建立群众思想政治工作联系点。（1）建立思想政治工作网络，实行思想政治工作责任制。支部委员都要建立工作联系点，党员要以所在的工地为主，建立思想政治工作责任区，负责职工思想政治工作。（2）及时宣传党的路线、方针、政策，提高群众的思想觉悟，保证党的方针政策和公司党委决议的贯彻落实。（3）协助做好职工思想政治工作，搞好团结。

第二，群众关切的生活问题联系点。（1）建立起农民工工资发放实际状况联系点。主要了解农民工工资每月的发放状况，一旦出现延期发放及时与施工方沟通，必须给予解决，同时确立每月工资发放定期联系日。（2）耐心听取群众意见和要求，并及时向党组织反映，帮助群众解决工作、学习、生活中的实际困难，做群众的知心朋友。

第三，建立群众谈话制度。支部委员、党员每月至少要同群众谈心2—4次，并向支部汇报联系群众工作具体情况。

第四，建立工作落实联系制度。做好本职工作，自觉当好工区负责人的参谋和助手。在各项工作中，充分发挥先锋模范作用，影响带动职工群众，带头完成各项任务。

第五，建立信访联系制度。通过联系制度，及时了解职工、农民工所关心的问题和基本困难情况，防止越级上访问题出现。及时了解施工建设过程中涉及的拆迁和补偿款问题，把握好地方群众意见。了解问题之后，向党支部及时汇报，在其职责范围，能解决的及时解决，不能解决的向上级单位、其他单位或当地部门进行及时汇报、通告，将问题化解在萌芽阶段。

（三）支部建设进班组方案

把支部建设在生产或经营的一线，让党支部书记、党支部委员和党员密切联系职工，了解一线职工的所思所想，为一线职工解决实际问题，为企业的生产和经营提供组织保障，是党加强基层党建工作的要求，也是加强员工思想政治工作，教育引导员工增强对党的认同感、感恩心以及对企业的归属感的有效途径，更是促进党建工作全面落地的有效方法。

具体实施方案：

1. 党支部要把党建工作落在实处，抓出实效，抓住班组、落地员工。一是强化员工思想教育工作；二是强化员工形势任务教育；三是抓好员工思想动态分析；四是抓好安全文化理念落地；五是抓好人本关爱；六是强化学习力建设；七是赋能人才成长；八是抓好党员发展；九是强化党员作用发挥；十是提升班组管理绩效。

2. 找好党小组与班组的契合点。可以利用党小组扩大会议，在加强党员政治教育的同时，强化员工的形势任务教育，提升思想政治工作的质量，及时化解员工情绪与矛盾，引领员工健康成长，同时要找准班组问题的突破点。支部要深入基层班组发现班组管理的问题和难点，在帮助班组解决问题的同时，指导班组化解难点。要利用主题党日活动引导党员在班组管理问题解决中先行动、做示范。

一是建立党员示范岗。结合班组岗位特点，建立党员示范岗，明确示范岗的示范内容、示范标准，推动党员在班组管理标准化、岗位操作标准化、现场作业标准化中做业绩、做标杆，示范给员工看。

二是建立党员责任区。对无党员班组或党员指数不够没有成立党小组的班组，要建立党员责任区，特别是让支部委员或优秀党员包保班组，履行政治责任，加强思想教育，明确党员责任区责任清单和积分标准，以党员先锋模式作用的发挥，服务好班组管理，助力于员工成长。同时架起支部与员工的桥梁，做到问题早发现、早反馈、早解决。

三是党员骨干双培养。支部可以建立党员与骨干双培养的工作机制，明确培养的内容、方法、标准和目标，明确双培养的责任与要求，支部定期评价做好过程控制，党员和骨干共同履行双培养职责，在一定时间内把骨干培养成党员，为党组织输送新鲜血液；把党员培养成骨干，为班组培养技术能手。

二、基层党组织对党员的教育管理落地

基层党组织要从思想、政治、纪律等方面对党员进行教育管理。对党员加强理论学习和党性教育，主要是开展马列主义、毛泽东思想、邓小平理论、"三个代表"重要思想、科学发展观和习近平新时代中国特色社会主义思想的理论教育。

解决形式：红色大讲堂、红色阵地、党建沙龙、党性基地结对共建等。

具体方案执行要点：党组织拟订培训教育的主题大纲，包括月度、半年度、年度等计划主题；确定场所；设定专门党员组织者，根据党支部情况，轮流负责每期活动，形成书记负总责、支部委员筹办、党员参与三位一体的组织方式；拟定活动的具体章程。

（一）强化思想武装案例——红色课堂

1. 实施目的：用红色课堂的形式，加强党员的思想教育，提升政治能力，更好地发挥党员的先锋模范作用和党支部的战斗堡垒作用。

2. 基本原则：以革命烈士的事迹感染人，以革命烈士的情怀塑造人。一人一课堂，一课一故事。锤炼业务与增强党性相结合。

3. 组织与实施：（一）组织和筹划。党支部制定每期红色课堂主题，进行全年规划，同时结合个人申报，由支部书记或副书记负责组

织人员，党支部委员主持，每月两期。（二）开展方式和内容。做到一人一期，一人一主题，支部全轮遍，以党课的方式进行，以讲授革命烈士的故事和革命精神为内容。（三）参加者。以党支部全体党员为主要参加者，同时可以邀请其他支部成员作为列席成员。

4. 红色课堂三大制度：（一）通报制度：每期红色课堂举办前一周通报主题，并下发讲课大纲，让参加者就主题内容积极准备，以便课堂举办时能够提出问题、解决问题。（二）总结制度：对每堂红色课堂做到当场总结，参加者进行积极点评，就讲课内容和教学方式进行点评，并开展半年和年终阶段性总结。（三）汇报制度：每期红色课堂举办之后必须向党支部会议进行汇报，同时作为增强党性教育的重要内容。

（二）党支部创办党建沙龙案例

1. 实施目的：用组织沙龙的形式，交流分享党建引领建设工作经验，汇聚集体智慧，更好地发挥党员的先锋模范作用和党支部的战斗堡垒作用。

2. 基本思路：确定党支部沙龙的举办地点，配置必要的活动场所，每月开展一次活动，邀请上级党委和党员、党支部委员、先进技术能手参加，以企业党建与建设问题为议题，解决建设中的安全和进度问题。

3. 预期目标：实现党组织引领企业的建设和安全，党支部与党员、普通职工群众之间的关系。

4. 实施方案：

（一）组织人员及职责：1. 组织人员：支部委员一名，其余若干名，包括党员或者小组长、技术能手（也可以是党员）；2. 明确组织人员基本职责：以党建引领企业安全与建设；负责沙龙的规划和申报工作；负责组织沙龙主题；根据党支部意见制定每期沙龙主题；制定沙龙的方案、事项等；关于沙龙信息发布；党建沙龙的具体效果向党支部的反馈；负责每期党建沙龙主讲人的邀请工作。

（二）具体活动流程：

1. 党支部制定每期沙龙的主题，对沙龙活动有全年规划，将沙龙活动主题纳入党支部年度计划活动，确定沙龙举办的日期和主题，可以确定一个或两个月为一期，主题以党建与工程建设为主要内容。

2. 根据每期沙龙活动的议题，确定参加者和讲授者。

3. 党建沙龙的方式：以微型党课和普通讲座为主；兼顾参与者讨论。

4. 设计党建沙龙标语：（1）党建引领工程建设；（2）建设安全人人有责；（3）以问题为导向，能力提升为目的。

5. 明确党建沙龙四大制度。

活动制度：每两个月开展活动一次，由负责人员组织，党支部委员主持。

通报制度：每期沙龙举行办前一周通报主题，让参加者就主题内容积极准备，以便沙龙举办时能够提出问题、解决问题。

总结制度：对党建沙龙做到当场总结、半年总结和年终总结制度相结合。

汇报制度：每期沙龙的举办之后必须向党支部进行汇报工作，对于沙龙举办过程中发现的提问必须及时解决，并向党支部就落实情况进行汇报。

（三）党员主题党日公益活动方案

1. 目的：党员主题党日活动是新形势下加强党员教育管理的创新实践。每月确定一天为"党员固定活动日"，从严格管理党员、严肃组织生活入手，增强"三会一课"组织制度的执行力度，增强各级党组织和广大党员的政治责任感，加强党性修养，提高党员意识。

2. 具体活动方式：制定具体的活动内容，列出每次活动的主题，这些主题包括了各种党务活动、社会公益事业、结对职工活动等。每次活动之前，都要制定详细的计划，建立"党员固定活动日"工作台账等。

3. 活动时间：党员固定活动日原则上定在每月第二周的周四（根据实际情况进行设定），每次活动时间2—3小时。

4. 参加对象：参加者为全体党员。因不能参加活动的党员要请假，说明具体情况，没有特殊情况不得缺席，同时要鼓励要求流动党员、入党积极分子和群众代表参加。

5. 活动内容：每期的活动由基层党支部确定，结合实际自主确定，以每月一主题或开展连续系列性的活动为主。在活动时，体现活动的公益性，主要为社会、群众和企业职工负责。

三、党员先进性落地

（一）"党员示范岗"创建活动方案

为引导广大党员立足本职岗位，充分发挥共产党员的带头、示范、辐射作用，根据《党员教育管理条例》和《国有企业基层党组织工作条例》要求，在党支部开展以"亮身份、树形象、显作用"为主题的"党员示范岗"创建活动。

1. 创建目标。开展"党员示范岗"创建活动就是通过创建活动，让党员在单位里把自己的身份亮出来，在岗位上把良好的形象树起来，在群众中把先锋模范作用显出来，从而实现"推动科学发展、促进机关和谐、服务人民群众、加强组织建设"的目标。

2. 组织领导。各党支部书记是"党员示范岗"创建活动的第一责任人。把工作责任落实到每个窗口、每个岗位，把整个创建活动参与面扩大到广大干部职工，确保创建活动扎扎实实向前推进。

3. 创建标准。"党员示范岗"的创建，在党员"亮身份、树形象、显作用"的基础上择优推进，充分体现。"党员示范岗"总体要求是所在岗位的党员党性观念强、职业道德好、业务水平高、岗位形象好、工作质量优，能积极贯彻执行党和国家政策，自觉遵守国家的各项法律法规、建设安全各项规章制度，能充分发挥共产党员的先锋模范作用。具体表现为"六好"：

（1）积极进取，政治思想好。认真学习政治理论，不断提高党性修养，思想健康，作风正派；与党中央保持一致，增强"四个意识"、坚定"四个自信"、坚决做到"两个维护"，胸怀全局，弘扬正气；保持清醒政治头脑，自觉维护安定团结，是非分明，立场坚定。

（2）以身作则，组织纪律好。严格遵守党的章程，对党忠诚，言行一致；认真执行党的决定，积极完成党的任务，遵纪守法，克己奉公；切实履行党员义务，维护群众正当利益，维护团结，奋发进取。

（3）勤奋学习，业务水平好。带头钻研业务知识，争当工作行家里手；加强岗位业务学习，精通相关业务技能；办事公道，便民务实。

（4）开拓创新，爱岗敬业好。树立岗位奉献精神，认真履行工作职责，热爱本职，勇挑重担；带头完成工作任务，立足岗位，多作贡献；发扬艰苦朴素精神，爱岗敬业，开拓创新。

（5）乐于奉献，为民服务好。牢固树立宗旨意识，切实转变工作作风，乐于助人，关心他人；全心全意为民服务，服从人民群众需求，吃苦在前，享乐在后；以优良的形象、优质的服务获得广大干部和群众的认可和好评。

（6）公道正派，廉洁自律好。带头执行廉洁规定，自觉接受群众监督，以身作则，清正廉洁；发扬良好道德风尚，同腐败现象作斗争，淡泊名利，一身正气；增强自身拒腐能力，开展批评与自我批评，自重自醒，自警自励。

4. 实施步骤。"党员示范岗"实行滚动管理。各党支部每季对所属党员进行一次考核，半年进行综合考核（"七一"和年终），对综合考核优秀的党员，授予"党员示范岗"标牌。半年期满后，重新组织考评评定，考评结果将作为年终评先选优的重要参考。

创建共分三个阶段：

第一阶段为"亮身份"阶段。全体共产党员要亮出"身份"，佩戴党徽，接受广大干部群众的监督。

第二阶段为"党员示范岗"创建阶段。坚持高标准、严要求，按照"党员示范岗"创建标准，对全体党员严格考核，认真把关，择优选择影响面大、基础性强、代表作用突出的岗位作为重点创建的岗位。

第三阶段为"评比表彰挂牌"阶段。根据各党支部考核评定结果，报局党总支审核，由局党组进行审批，命名首批"党员示范岗"，并授予"党员示范岗"标牌。

5. 相关要求及措施。在创建中，党支部通过组织主题交流会等形式多样、内容丰富的活动，激发党员的学习和工作热情，不断增强党员创先争优意识，以显现"一个党员一面旗帜，一个党员一盏灯，一个岗位一份奉献"的模范作用。

（1）党员领导干部要发挥好示范带头作用。在推进创建活动过程中，党员领导干部要进一步强化党员宗旨意识，明确责任要求，提高业务能力，增强责任感、使命感，立足本职岗位，以自己的实际行动影响和带动普通党员，充分发挥共产党员的带头、示范、辐射作用。

（2）统一为全体党员配备党徽。在每年"七一"和年终，党支部根据考核评定结果，向党委推荐"党员示范岗"候选名单，考核后确定拟授予"党员示范岗"名单，最后由党委进行审批命名。

（3）把"亮身份、树形象、显作用"为主题的"党员示范岗"创建活动，作为创先争优活动"行业争先进、岗位争先锋、党员争优秀"载体的重要内容，作为加强党员队伍建设、切实改进作风，提高建设效率效能的重要手段，真正使党员干部"走在前、做表率"。

（二）"党员先进工作室"方案

1. 工作室创建原则

深入贯彻党建品牌建设的要求，以创新工作室为载体，通过开展"党员先锋岗"活动，提升广大职工的政治素质和业务技能，发挥优秀党员的"旗帜引领"作用，筑牢战斗堡垒。

2. 工作室业务及目标

（1）业务：科研与生产

（2）目标：发挥党员先进性，实现创新创效，打造科研生产、经营和服务的过硬队伍。

3. 工作室组成人员

（1）负责人：×××

（2）成员：×××　×××

4. 工作室制度

（1）工作室规划制度。工作室必须拟定出创新创效的目标，一般情况，以年度计算，拟定生产和科研实现的目标。工作室成员都要分别拟定个人的生产和科研规划，但与工作室整体规划目标相一致。

（2）工作室负责制度。工作室是由党员先进个人实施负责制，负责生产和科研项目。总体上，工作室的创新创效由负责人负总责；同时要负责带队伍，并列出定期的培养目标。工作室每个成员的创新创效由本人负责。基本要求是按规定的时间（年度）完成具体规划。

（3）工作室定期考核制度。工作室定期考核制度分为党委监督考核和党支部自我考核制度。党委根据工作室的年度计划，负责监督考核具体任务完成的情况，并提出整改意见。党支部的自我考核主要分为半年和一年自我考核，一般情况下在党支部大会上由负责人自我评述和成员自我评述工作完成情况、存在的不足以及整改方案。

（三）"党员责任制"方案

实施"党员责任制"，是为了进一步加强党员干部的安全包保工作，落实安全责任，提高工程建设安全管理水平，确保建设目标的全面完成。

1. 包保划分

根据建设工地实际情况，将建设工地划分为几个建设工区，每个工区代表一个安全建设班组，这个班组的实际负责人是党员，或者是建设安全先进代表。同时每个党支部委员都具体负责 1 个或者 2 个建设班组（根据实际情况而定）。

2. 包保责任人职责

（1）及时传达上级及公司有关安全生产工作的指示精神并监督、检查贯彻落实情况。

（2）检查国家安全生产法律、法规、规范，公司各项管理制度、工作标准的落实情况。

（3）了解、掌握职工的思想动态，解决职工的思想问题，稳定职工队伍。

（4）指导包保班组认真开展安全生产基层和基础建设，建立、健全安全管理机构；落实安全生产责任制和岗位责任制等管理制度。

（5）每周对包保班组进行一次安全检查，指导包保班组的各项工作，协助解决安全生产工作中存在的问题。

3. 党支部委员包保职责

（1）对违章作业、违规违纪人员可直接给予处分。

（2）对违章指挥、玩忽职守、不负责任造成严重后果的包保班组负责人可直接撤职。

（3）对存在重大安全隐患的生产装置，可立即书面建议项目部予以停建整改。

（4）对工作不力、责任制不落实、影响工作进度和质量的班组领导，可建议进行调整。

（5）听取负责包保小组成员对包保责任人的监督情况汇报。

4. 工作要求

（1）认清形势，切实提高对抓好安全工作重要性的认识

安全工作，事关广大职工的根本利益，关系到建设安全发展稳定大局。各班组领导干部要进一步增强做好安全工作的责任感、紧迫感和使命感，把安全工作作为压倒一切的中心工作和首要任务，始终保持清醒的头脑，克服麻痹、松懈思想，强化责任落实，为各项生产建设目标的全面实现营造良好的安全氛围。

（2）转变作风，狠抓落实

各班组负责人要切实转变工作作风，树立表率作用，深入基层、了解实情。针对包保班组安全工作中的薄弱环节，组织制定强有力的防范措施，切实做好隐患的排查和治理工作，加大对危险区域、危险人员、重点部位、关键装置的安全防范，狠抓落实，坚决防止重特大事故的发生。

（四）"党员身边无事故"（包保责任区）方案：

1. "党员安全责任区"的划分

（1）党支部书记对"党员安全责任区"负总责，党支部委员负责两个或几个党员。具体指导整个活动的开展情况，每月负责开展安全教育会，认真分析查找活动中存在的问题，进一步明确活动整改努力方向。

（2）"党员安全责任区"以支部为单位，把支部党员划分为每人一个或几个责任区，明确责任制度。

2. 党员责任区党员的主要任务

（1）分析和掌握责任区内职工的思想状态，学习、工作和生活的实际情况，及时反映到支部，发挥好企业与群众之间的桥梁纽带

作用。

（2）具体指导和带领责任区的党员认真学习政治理论、时事政策和科学知识，传播先进文化，树立正确的世界观、人生观、价值观。

（3）经常与责任区职工开展谈心活动，交流思想，激励进步，协助支部做好思想政治工作和入党积极分子队伍建设工作。

（4）积极维护责任区工作、生活秩序和治安稳定，积极参与各项党建工作。

（5）积极宣传上级部门的各种号召、政策、方针和制度，督促全力执行。

（6）模范带领责任区职工履行好岗位职责，提高自身的职业道德水平，尽一切努力坚决完成队里交给的任务，为顺利实现全年生产任务而努力奋斗。

（7）引导职工认真学习先进文化和新技术、新方法等业务知识，帮助他们不断提高自身的技术水平和工作技能。

第六章 国企党建品牌创建案例分类与评析

第一节 生产一线党建品牌案例

案例一：某地煤矿党支部党建品牌建设

某煤矿党委牢固树立"以党建引领发展，把党建融入发展"的工作基调，将党建工作与企业发展深度融合，促使党的组织优势和政治优势不断转化为实实在在的发展成效。从公司党委层面大的党建体系，到品牌体系建立以及品牌落地，进行了一整套党建体系建设。概括起来就是工作体系、品牌体系、效能体系三大体系建设。

1. 工作体系

在集团公司党委"3366"新时代聚能党建体系的引领下，我们结合孙村煤矿实际，构建"五四三"立体工作体系，实现党建工作模式化。

一是实施"五化"建设，即组织规范化、工作清单化、运行程序化、创新项目化、考核数字化。组织规范化是合理设立党支部、党小组、双体检中心，规范党内组织生活、活动场所建设。工作清单化是理清党建工作责任清单、任务清单、考核清单，倒逼责任全面落实。运行程序化是理清工作程序，实行时间、地点、原因、任务、责任"五闭合"。创新项目化是在党支部建立创新台账，半年一汇总，加强突破项目调度。考核数字化是统筹区分组织、纪委、宣传等6个领域建立考核架构，充分发挥党建考评的激励和保障作用。

二是开展"四级联创"，即争创星级党委、争创过硬党支部、争创功能党小组、争创先锋党员。争创星级党委是明确"四好"班子和"四强"党组织创建目标，力争在服务型党组织建设、创新创效等方面取得成效。争创过硬党支部是定期开展对标学习和传帮带活动，对先进支部经验进行推广，最终实现支部个个过硬。争创功能党小组是创建技术攻关、安全高效等6种功能党小组，开展项目攻关，将小组成员锻造成技术骨干。争创先锋党员是充分发挥党员的先锋模范作用，以先进带后进，实现党员人人合格。

三是健全"三大"保障体系，即党建工作责任体系、党建工作考核体系、党建工作效能体系。构建党建工作责任体系是每季度支部书记向矿党委和支部党员群众报告目标任务完成情况，纪委随机对各单位党建工作进行督查。构建党建工作考核体系是认真落实集团公司党委"一基融合多元"考核机制，实施"过硬指数"月度考核，细化了110项考核细则，每月一检查一通报一奖惩，将党建工作"软任务"变为"硬指数"，分解到党支部和主要负责人身上，解决了过去党建工作主体不明确、内容不具体的问题。对各支部抓党建工作存在的问题建立整改台账，下发整改通知，限期进行整改，确保了基层党建各项任务落地见效。构建党建工作效能体系是完善典型选树考评办法，组织开展岗位练兵、劳动竞赛等活动。同时，持续开展内部巡察，把党风廉政建设贯穿到企业生产经营全过程。

2. 品牌体系

扎实推进党建工程"十百千"示范引领行动，建成了一元引领、四大支撑、N点发力"1+4+N"红领智慧生态园，擦亮了"聚是一团火，散是满天星"的红领党建品牌体系。

一元引领，做实了红领根据地。从提高党建工作质量出发，发挥红领根据地服务指导效能，结合矿井实际创建党建课题 12 项，紧扣矿井重点工作和中心任务，举办了领导干部论坛、支部书记论坛、党员论坛"三大论坛"，为矿井发展破题解困；创建"双体检"中心，实现经常化、多角度、全覆盖对支部进行政治体检，及时发现"病情"、找准"病根"、下药"祛病"，达到了补钙铸魂、强肌健体、加钢淬火的效果，真正实现了堡垒更"硬"，先锋更"亮"

四大支撑，做优了四大阵地。一是创立初心源地。以毛主席雕像为中心点、配套入党誓词墙，通过寻根溯源，让全矿干部职工找到企业怎么来的根，摆正发展为了谁的心。二是打造红领创客联盟。集全体党员智慧，设立 13 个党员创客分中心，推行首席专家制和创新揭榜制，通过"职工+课题""品牌设计+创新实践研讨"等方式，汇集了广大职工的聪明才智，2019 年以来，攻克重大课题 130 余项，创经济效益过亿元。红领创客联盟也被评为集团公司党建双创示范区。三是建设红领矿史馆。挖掘本矿区厚重的历史资源和文化底蕴，建成集爱国教育、红色教育、企情教育、创新教育为一体的红领矿史馆，一馆读懂过去、认识现在、照见未来。四是创建职工之家。以党建带工建，在职工上下井必经之路建设集劳动争议调解、心理咨询、爱心帮扶、阅读中心四大功能于一体的新时代职工之家，让职工感受到家庭般的温暖，亲人般的关怀。

N 点发力，推出了一批硬品牌。持续深化"三推一提"工作、按照"一支部一品牌一特色"的要求，将支部党建品牌创建与各支部工作性质和特点深度融合，在全矿建立了各具特色的红领驿站，打造了一大批既有"高颜值"又有"深内涵"的过硬支部，涌现出"红领启智驿站""红领头雁驿站""红领快递驿站"等一批党建示范点，调度指挥中心、便民服务台、红领摆渡车等一批党员示范岗，荣获了省、市、能源集团级别的一系列荣誉，为矿井高质量发展注入了红色动力。

3. 效能体系

（1）提升聚力效能。以党的十九大精神为主线，瞄准矿井生存保卫战及重点工作推进的制约问题，结合《"三教育一忠诚"主题教育活动》《加强作风建设　提升管理人员"六种能力"的意见》要求，以党委中心组理论学习、专业例会、区队班前会等形式区分层级开展了"担当作为　狠抓落实""双提双严""转作风　讲担当　保安全""用心工作　卓越工作"等主题讨论活动 117 场次，组织演讲比赛、技能大赛、重点工程竞赛 8 场次，凝聚了全矿上下合力攻坚的发展共识。

（2）提升攻坚效能。围绕短壁联采密实充填、单班百人、找煤扩量三项重点工作推进，组建宣讲团、制作明白纸，为职工讲清了推进重点工作重要意义；邀请离退休老技工、老专家与技术人员共同探讨、研究方案，为重点工作提供决策咨询服务，集聚全员合力，保障重点工作按期完成。其中短壁联采密实充填完成产量 12.35 万吨，单班百人实现生产班不超 200 人，提前半年完成 104 万吨找煤扩量任务。

（3）提升廉洁效能。搭建"廉政快线"平台，拓宽信息渠道，开展廉洁约谈，全方位、常态化对党员干部灌输廉政理念。对全矿255 名副科级以上管理人员和"四管"人员进行廉洁约谈；每季度有230 余名副科级以上管理人员和"四管"人员作出廉洁承诺，下发《孙村煤矿党员干部落实八项规定学习手册》及 26 期"每周一学"，引导党员干部树立"红线"意识；聚焦不同时段重点任务、关注事项，坚持开展季度提醒承诺教育，确保廉洁教育长流水、不断线。开展内部巡查，重点做好两级巡察反馈的问题整改落实，开展"五项整治"专项检查 8 次，对工作落实不力、不担当不作为的 28 名管理人员采取"第一形态"进行提醒、警示谈话，营造了风清气正的良好政治生态。

（4）提升育人效能。建立"管理人员至矿领导""技术人员至技术总监""技师工人至首席专家"三通道晋升机制，着力打造关键岗位经营管理人才、高层次专业技术人才和高水平技工人才三支人才队伍。在机制方面建立了考评、聘任、管理三项措施，变"选马"为"赛马"，对各类后备人员实行以专业考评为主、单位考评为辅的考评制度，从业务绩效、创新创效、个人贡献等8门考核项进行量化，实施干部转岗、轮岗，多岗位、多工种历练。在大学生培养方面，建立"岗前培训机制"，采用统一培训的方式，加强大学生的纪律性和安全意识，建立"党员以师带徒机制"，与对口专业、部室党员干部结为师徒，练业务、提技能、学管理，搭建起"管""用"结合平台，进一步开阔大学生的视野，提高大学生的管理能力，让大学生加速成才。

（5）提升和谐效能。实施"5577"工作制，减少劳动时间，降低劳动强度，真正实现职工体面劳动、幸福生活；创新实施"红领摆渡车"，改善职工上下井的乘车环境；开通矿长、书记"连心信箱"，搭建了职工与企业沟通的桥梁；稳步推进"离退休职工社会化管理""三供一业"移交等重点民生工程，建立施工协调机制，化解了施工改造矛盾，改善了居民生活环境；推动和谐矿区建设，持续强化源头治理，狠抓舆情信息搜集、不稳定隐患排查、重点区域盯防布控等措施，开展信访积案化解，消除历史欠账，职工群众逐渐从"信访"向"信法"转变。依托"爱心暖阳""党员代理儿女"等志愿服务团队，延伸走访慰问、解困帮扶的广度与深度，2019年以来累计救助困难职工272名，发放救助金67万余元；社会治安、武装保卫深化"扫黑除恶专项斗争"，紧盯11类打击重点，净化矿区治安环境，让职工充分享有企业发展红利。

案例评析：就整个党建体系而言，这是一个相当完备的党建体系。该企业在构建党建体系过程中，既构建了整个公司的党建体系，又构建了品牌体系，以及党建体系和品牌体系的实际效果，也就是工作效能体系。

无论党建体系，还是品牌体系，以及工作效能体系，从单个上来讲都是完整的。如公司党委层面的党建体系，就是一个完整的架构，即"五四三"党建工作体系，具体而言，一是实施"五化"建设，即组织规范化、工作清单化、运行程序化、创新项目化、考核数字化。二是开展"四级联创"，即争创星级党委、争创过硬党支部、争创功能党小组、争创先锋党员。三是健全"三大"保障体系，即党建工作责任体系、党建工作考核体系、党建工作效能体系。

品牌体系也是相对完善的。构建了"1+4+N"的红领智慧生态园，"聚是一团火，散是满天星"的红领党建品牌体系。具体来讲，1是指一元引领，做实了红领根据地。四大支撑，做优了四大阵地。一是创立初心源地。二是打造红领创客联盟。三是建设红领矿史馆。四是创建职工之家。N是指N点发力，以品牌建设为主要形式。在全矿建立了各具特色的红领驿站，打造了一大批既有"高颜值"又有"深内涵"过硬支部，涌现出"红领启智驿站""红领头雁驿站""红领快递驿站"等一批党建示范点，以及调度指挥中心、便民服务台、红领摆渡车等一批党员示范岗。

该党建品牌的效能体系也是比较完备的，也就是党建工作体系和党建品牌体系创建的目的。主要有：提升聚力效能；提升攻坚效能；提升廉洁效能；提升育人效能；提升和谐效能。

品牌建设存在的问题：这三个体系严格来讲不能作为并列看待。因为公司党委层面的党建体系是大的体系，也是整个公司党建工作的骨架。党建品牌体系是支部的品牌体系，也就是公司党委党建体系落地的内容，更为严格来讲，是被包括进公司党建体系的。

另一个不足，就是党建品牌体系，即"1+4+N"的红领党建品牌体系。这个体系大致一看可能觉得较为合理，实际上存在逻辑上的问题。具体来讲，1是指一元引领，做实了红领根据地。这点是非常好的，实现党的统领作用，实际上，下面这四个支撑内容中的创立初心源地和建设红领矿史馆，可以纳入到统领里面，因为从根本层面上它们属于党建内容范畴。

这个品牌体系的关键就是出在这四大支撑上。四大支撑，做优了四大阵地。一是创立初心源地。二是打造红领创客联盟。三是建设红领矿史馆。四是创建职工之家。它的问题有两个方面：一是可以作为落地形式，但里面既有落地的，又有理论、思想层面的。二是严格意义必须作为落地处理，不能或者较少涉及理论问题。N是指N点发力，也可以理解为落地的载体。如在全矿建立了各具特色的红领驿站，打造了一大批既有"高颜值"又有"深内涵"过硬支部，涌现出"红领启智驿站""红领头雁驿站""红领快递驿站"。一批党建示范点，调度指挥中心、便民服务台、红领摆渡车等一批党员示范岗。

案例二：三字引领激活智慧动能　特色党建助推精益生产
——某重工煤机装备制造分公司结构件车间党支部

某重工煤机装备制造分公司是集团公司打造的高端装备制造示范区、新旧动能转换的践行者。结构件车间隶属于煤机装备制造分公司，是集数控下料、数控坡口、机械加工、压型、铆焊、机器人焊接为一体的液压支架专业化生产车间，涵盖液压支架结构件制造的所有工序。车间现有职工516人，其中在册职工273人，协议用工243人。党员25人，其中预备党员4人，女党员1人，党员队伍中大专以上学历14人。近年来，车间党支部在上级党组织的正确领导下，以党员"亮、带、融"三字为引领，创新组织开展"争做优秀员工、秉持优良工艺、打造优质产品，让下道工序满意"的"三优一满意"

力，实现政治过硬、班子过硬、队伍过硬、制度过硬和业绩过硬的目标。

3. 创建原则：（1）遵循新党章，依法创建；（2）围绕中心，突出窗口单位特色；（3）务求实效，服务大众，使创建党建品牌与各项工作相互促进，协调发展。

4. 指导思想：认真贯彻党的十九大精神、习近平新时代中国特色社会主义思想及全国国有企业党的建设工作会议精神，严格按照习近平总书记两个"结合起来"、三个"深入思考"、四个"深刻理解"、六个"联系实际"的要求和标准，始终在思想上、政治上、行动上同以习近平同志为核心的党中央保持一致，按照"发挥特色优势，培育党建品牌，服务企业发展"的工作理念，以建设服务型党组织为目标，创建主题内涵深刻，品牌叫得响，工作措施硬，党员受欢迎的党建品牌。

5. 目标要求：（一）围绕中心、服务大局，紧紧围绕收费站中心工作，把党建工作与业务工作紧密结合起来，充分发挥积极性主动性创造性、确保党的路线方针政策和决策部署贯彻落实。（二）创新发展、提高水平，积极推进党建工作机制创新、增强党员队伍的活力，努力建设一支政治坚定、思想进步、作风优良、勤政廉洁的干部队伍，构建富有活力的基层党建格局。（三）服务大众、按章办事。坚持全心全意为驾乘人员、为广大员工服务的根本宗旨，坚持"群众第一、服务第一"的工作理念，健全联系和服务群众制度。尊重群众利益诉求，拓宽民意反映渠道，不断提高服务群众水平。（四）转变作风、提升形象。强化党性修养和作风建设，每个党员要讲党性、重品行、作表率，为驾乘人员提供优质文明服务，力所能及地帮助驾乘人员解决困难，帮助员工解决最关心、最现实、最直接的利益问题，树立广大党员的良好形象。

主要内容：坚持紧扣"致新谋远　坚实堡垒"的主题，不忘初班组创建特色党建活动，让党员支部作用融入班组生产，带领车间走精益生产之路，实现液压支架高端制造。

一、发挥党员示范带头作用，展现"亮"字品牌

党支部充分发挥党员示范带头作用，通过党员亮身份、亮承诺、亮业绩，全力做好与安全生产的结合工作，念好"亮字经"，让党员在实际工作中率先垂范，将党的政治优势转化为安全生产优势，确保车间安全生产良好局面。

亮身份。开展党员"亮身份、亮风采"活动，党员挂牌上岗、佩戴党徽，促进广大党员特别是一线党员增强党性意识，知晓党员岗位、了解党员职责，强化自我约束，激发干事创业的内生动力。全体党员结合"不忘初心、牢记使命"主题教育，纷纷对照党章和"四讲四有"行为标准开展横向和纵向对标，找差距、补不足，擦亮了党员品牌。开展党员责任区、示范岗挂牌活动，充分发挥党员先锋模范作用。

亮承诺。党支部重点围绕抓好"两学一做"学习教育、提高服务质量和为职工做好事、实事等方面作出承诺；党员重点围绕积极"两学一做"学习、立足本职创佳绩、发挥能力特长为职工服务、突出问题整改等事项作出承诺，通过公示栏、微信平台等方式，将支部和党员的承诺内容进行公示，进一步明确党员职责，让群众更好地监督党员上岗履职情况。党支部坚持从基础抓紧，结合岗位工种实际，分类制定《员工行为准则》，并要求党员率先垂范，作出承诺，自觉遵章守纪，同时纳入每月党员评星定级内容。每季度组织车间领导班子、材料计划员、市场化考核员等重点岗位实施廉洁自检、廉洁承诺活动，时刻提醒党员干部廉洁自律、以身作则。党支部通过开展谈心谈话等活动，了解基层职工实际困难，为车间困难、重病职工组织捐献爱心款累计 29765 元。开展为一线职工"夏送清凉冬送温暖"活

动、安装冷饮机、发放雪糕、西瓜、保暖袜等物资。

亮业绩。党员结合岗位工作要求、年度工作目标、公开承诺事项、"两学一做"学习教育情况等内容，每季度向支部汇报一次"创绩"情况，支部以适当方式对党员创绩情况进行公开，让业绩看得见、摸得着，同时鼓励党员把业绩亮出来，把方法教出来，把体会谈出来。将党员志愿服务、"1+1+N"联系服务群众、公益活动、工作创绩等场景通过支部微信群、QQ群等及时分享，让党员"创绩"及时做、及时亮。年底，对党员年度工作实绩进行公示，接受党员群众监督。把工作实绩作为党支部党员民主评议的重要内容，接受党员群众评议。支部委员曾令龙，作为分管生产的副主任，将"能吃苦、能战斗"的优良传统体现得淋漓尽致。在第一次承接德国卡特彼勒国际高端液压支架样机制造期间，他带领6个铆焊班组24小时轮轴转，吃住在车间，遇到困难想办法，绝不妥协打折扣。在这个前所未有的艰巨任务面前，他以提升生产效率为出发点，优化工艺流程，细化数据分析，在生产中注重合理生产节拍，确保物料配送成套化，有效提升生产效率30%以上，用"智慧+汗水"最终按期完成生产任务。顶梁、底座、掩护梁三大部件焊缝探伤合格率百分之百！曾令龙带领的生产团队的努力付出，让驻厂德国监理从刚开始的不信任，转变到最后的由衷佩服、赞叹，竖起大拇指。制造完成的液压支架发往德国进行压架实验，实现车间精益生产的里程碑！

二、发挥党支部战斗堡垒作用，发扬"带"字传统

党支部充分发挥战斗堡垒作用，突出骨干党员班组，做实三个结合，发扬"带"字传统，重点围绕职工队伍建设、"三优一满意"班组建设，让党员形象"竖起来"、党支部作用"显出来"。

与"双培养"机制相结合，积极发挥党员"传帮带"的作用。焊接工区长某党员，不仅凭借自身过硬的焊接本领，考取了"国际

焊接技师"资格证，更主动加入到车间焊接培训学校的筹办团队中。从管理制度、培训流程图、培训教案的编制，到焊接培训学校工装器具的制作，党员都亲力亲为，并且毫无保留的将自己的经验知识都贡献给团队。他创作的"焊接七字歌"，成为每名电焊工的"心头好"。经过大家的不懈努力，车间支部建成占地300平方米，拥有理论培训区、实操训练区和焊接试样展示区的焊接培训学校，已陆续培训合格电焊工171人，其中59名电焊工通过德国卡特彼勒质量监理的手工焊接和TIG专项培训实操考试。其中入党积极分子谢登超于2020年成为发展对象，另有4人递交了入党申请书。压型班班长焦波则是"忠诚+担当"的杰出代表，不仅工作中认真履行岗位职责，更是屡次拒绝外部企业的高薪"挖角"。他始终认为，是企业培养了我，现在到了我回馈企业的时候了。在ZF17000型生产任务期间，由于工期紧、任务重，焦波充分发挥带头作用，吃苦在前，连续15天工作到凌晨两点，饿了吃包方便面，临时充饥一下，继续再工作。在焦波的带领下，压型班保质保量按期完成了ZF17000型支架的平板和压型工作，得到公司领导的认可，2019年从入党积极分子发展为预备党员。截至目前已有25名青年职工向党组织递交了入党申请书。

与"1+1+N党员联系服务群众"相结合，发挥"一名党员一面旗"作用。2020年初面对突如其来的新冠肺炎疫情，以"1+1+N党员联系服务群众"为指导，坚持"互保互助，全员覆盖"的原则，自上而下建立了三级网格管理小组，形成了以车间领导班子、骨干党员为主的30人网格组长队伍，80个网格单元。为避免管理漏洞，党支部坚持"我是管理者、也是被监督者"的原则，将一二级网格组长同时全部纳入三级网格管理，让管理者在行驶管理权的同时，接受三级网格监督，真正实现了互保互助、阳光管理、全员覆盖。网格化管理反应迅速、信息准确，广大党员群众立足实际、主动担责、积极作为，扭转了特殊时期车间生产经营管理的被动局面。在网格化管理的带动下，疫情期间结构件车间形成了上下联动、群防群控的良好局面。在考勤、集体就餐中，职工均自觉保证 1 米以上安全距离，杜绝人员聚集，从根本上切断疫情传播途径，彰显了车间及职工个人高度的自保互保联保意识。当前，党支部正积极总结网格化管理经验，在实践摸索中不断完善，并逐步将网格化管理方法向安全管理、舆情管控和思想政治工作方向拓展。

与"三优一满意"班组建设相结合，发挥特色党建载体作用。党支部坚持把班组建设作为一项重点工作，结合生产实际，创新组织开展了"争做优秀员工、以优良工艺、打造优质产品，让下道工序满意"的"三优一满意"班组创建特色党建活动，让党员融入班组生产，以点带面，切实起到引领示范作用。针对车间生产准备区域、结构件制造区域分别按照月度一小评、年度一大评的形式，围绕优秀员工、优秀工艺路线执行、优秀产品质量、下一道工序满意程度四大项进行综合测评，对当月当选的班组给予 1000 元奖励；当年当选的班组给予 2000 元奖励。自 2019 年开展活动以来，各班组在安全、生产、质量、设备各方面"比学赶超"，紧密结合车间安全生产、降本增效、质量管控、人才培养等各方面开展工作。坡口班是通过操作坡口机器人实现坡口切割作业的班组，是车间职工文化层次最高的班组，也是"三优一满意"班组中的排头兵。凭借着团结协作共克难题的团队精神，坡口班按期完成了 ZFY21000 型、ZY20000 型、莫拉板样机、卡特彼勒样机等批量以及高端液压支架制造任务，产品一次交检合格率提升到 98%，实现下道工序质量零投诉。坡口班各项工作都以"三优一满意"班组创建标准为指导，通过不断的实验探索，解决了坡口切割面塌边、锯齿等质量问题，制作的划线工装成功杜绝尺寸超差现象，攻克了长条形工件双面坡口的技术难关。班长张继伟也成为一名入党积极分子，副班长陈加利被评为"优秀共产党员"，操作工董梅被评为东华重工"金牌员工""建功立业巾帼标兵"。

2019 年，坡口班组被评为集团公司"双百优"班组。

三、发挥党建统领作用，强化"融"字精神

党支部结合集团公司"双入双创"党建新模式，突出重点实施"三向发力"，发挥党建统领作用，推动党支部工作坚持围绕生产经营中心工作深入融合。

围绕生产关键环节强化"融"字精神。针对结构件车间设备种类多，数量大，维护保养难度大的实际情况，党支部牵头组织制定《车间 TPM 管理办法》，规范设备管理人员、维修人员、操作人员设备操作、维护、保养行为，不断提高职工设备操作技能，消除现场设备故障、隐患，优化设备管理流程，有效促进设备管理工作由事后维修模式向事前预防模式转变。2019 年，车间新购精密等离子切割机 2 台。由于新设备缺乏相关经验数据，投入使用后不断出现切割缺陷，为下料这个生产首要关键环节带来极大制约。一些党员主动请缨，查看设备说明书、网上查阅资料并与厂家技术人员沟通联系、协同工艺部门优化程序。经过 270 多次验证调试后，摸索出一套切实可行的操作规范，切割效率达到传统火焰切割的 2—3 倍，工件切口边缘光滑、方正和无挂渣，切割尺寸完全符合工艺要求，产品一次交检合格率由最初的 76%提升到 97%。减少了后期的返修，有效降低了生产成本。

围绕重点任务强化"融"字精神。党支部以车间急、难、险、重工作任务为中心，成立以支部书记为队长，10 名党员为队员的"党员突击队"。为确保重点任务 ZFY21000 型液压支架生产任务顺利完成，在时间紧、任务重的情况下，党支部牵头组织召开启动支架会战誓师大会，并与班组长签订了"督战书"，同时依托"两区四岗"成立了 2 个党员先锋队，突击急、难、险、重生产任务 10 余次。为推广智慧动能，加快推进机器人焊接达产达效，实现机器换人，缓解

焊接人员不足的现状，党支部针对智能化焊接机器人班组，牵头制定《机器人焊接产量完成奖励和考核办法》，激发员工安全生产、提质增效、降本提效的内动力。副主任党员作为分管领导带领新组建的焊接小组每天工作 12 个小时以上，改进工艺、提升操作技能水平，不仅实现机器人焊接调试后焊缝探伤合格率达到 100%，争创了"三优一满意"班组建设，更为车间培养出首批 12 名智能化焊接人才。突击队党员铆工一班班长曾是一名退役军人。他时刻不忘"一颗红心，保卫祖国，服务人民"这个在部队许下的誓言。"有困难，班长第一个上""没有翻不过的火焰山"这是职工们对这名党员的评价。他工作认真负责，善于总结经验教训，关爱年轻职工，勤于谆谆教导，带出了一批青年骨干。此外，他还利用多年累积的工作经验，对 ZFY21000 型液压支架的顶梁侧护板焊接工艺进行大胆改进，保证焊接质量同时提升了工作效率，为车间节省钢材 95 吨左右，折合成本 47.5 万元。截止到 2020 年 5 月份，支部"双入双创"取得初步成果，共为为车间创效 98 万元。

围绕和谐稳定强化"融"字精神。党支部积极融入群众，发挥桥梁纽带作用。创新建立"民主议事会"制度，从每个班组推选代表 1 人，实行月度例会制度，每月专题研究一线职工群众思想动态，分析存在的问题，提出意见建议。凡是涉及职工切身利益的难题，随时召开民主议事会议商议解决。目前，民主议事会已成为车间推行厂务公开和民主议事的重要手段，在和谐建设中发挥着积极作用。党支部针对重点任务，注重为一线职工做好后勤保障，解决实际困难。在 ZFY21000 型液压支架会战中，党支部动员管辅人员在车间设置两个后勤服务点，现场配备热水、冷饮及防暑降温药品，并排定值班表轮流执勤，有效为职工解决后顾之忧。此外，党支部注重"集众智、解难题"，制定《合理化建议 CI 卡管理制度》，充分发挥职工群众主观能动性，推动全员创新创效，在全体职工中营造良好干事创业氛围。

近年来，车间党支部深入实施党建"三字"引领，在东华重工推进新旧动能转换，实施精益生产，推动企业转型升级中取得卓越成绩，实现了车间产能、班组建设、员工技能全方位提升。车间数控下料人均日产能由 2.6 吨/班提升到 4.2 吨/班；焊接工序由原来人均0.3 吨/班提高到 0.48 吨/班；培养了大批掌握精益生产管理知识的人才。车间党支部先后被评为集团公司"过硬党支部"、东华重工"四强党组织""先进党支部"、煤机装备制造分公司"过硬党支部"，车间被评为煤机装备制造分公司"先进单位"，党支部书记步斌被评为集团公司"先进党务工作者"、集团公司"十佳区队长"，副书记汤海宇荣获煤机装备制造分公司"先进党务工作者"称号。

案例评析：这个党建品牌的名字是"三字引领激活智慧动能"，这个品牌的目的就是想通过特色党建助推精益生产。主要围绕"三字"推进党建工作基础上，实现生产的发展，具体情况：一是发挥党员示范带头作用，展现"亮"字品牌；二是发挥党支部战斗堡垒作用，发扬"带"字传统；三是发挥党建统领作用，强化"融"字精神。可以说"亮""带""融"都体现了党建融入生产的想法。尤其是"亮"字，为这个党建品牌的落地构建了较好的载体，如亮身份、亮承诺、亮业绩，其主要目的在于发挥党员和基层党组织的先进性。这是这个品牌的亮点。

品牌建设存在的问题：这个党建品牌存在的问题较多。其一，党建品牌的逻辑架构存在较大的问题，这个品牌缺乏理论支撑。"亮""带""融"这三个方面基本都是设计的党建品牌落地载体，换句话说，就是强调的具体操作。如"亮"字中的党员挂牌上岗、佩戴党徽等方式党员亮身份，促进广大党员特别是一线党员增强党性意识，知晓党员岗位、了解党员职责，强化自我约束，激发干事创业的内生动力。缺乏了理论支撑的党建品牌带来的问题就是没有底蕴和内涵。

其二，"亮""带""融"三个方面之间，缺乏一种层次之间的关系。从层次关系方面来讲，应该是"融""亮""带"的关系，最终使党组织和党员发挥先进性，带队伍的作用。其三，这个党建品牌的落地载体有的归类不清晰。如在"带"字里面的"1+1+N 党员联系服务群众"相结合，严格意义上讲，这是群众联系制度，更多的是将党组织嵌入群众里面，应该属于"融"。其中具体的实施也是体现了融的情况，如以"1+1+N 党员联系服务群众"为指导，坚持"互保互助，全员覆盖"的原则，自上而下建立了三级网格管理小组，形成了以车间领导班子、骨干党员为主的30人网格组长队伍，80个网格单元。同样，这个品牌中的"融"字中也存在着落地载体混淆的情况。如围绕重点任务强化"融"字精神中的"三优一满意"班组建设，实质上就是发挥了"带"队伍的作用，而具体表现为车间培养出首批12名智能化焊接人才。

第二节　服务岗位党建品牌案例

服务性质的企业党建品牌旨在打造企业的服务品质，关键点在于通过基层党组织和党员个人发挥出先进性，实现党的服务宗旨。

案例一：某省交通发展集团有限公司分公司某收费站党支部党建品牌创建的基本情况

1. 品牌名称：致新谋远　坚实堡垒

2. 品牌理念："致新"：专心致志、爱岗敬业，致力于过硬党支部和五星级收费站创建，强化服务，促进和谐发展；"谋远"：观全局、谋长远、举良策，当好参谋助手。"坚实堡垒"：不忘初心，牢记使命，进一步提升党支部的政治领导力、群众凝聚力和发展推动

心，牢记使命，以建设服务型党组织为目标，努力将党建工作融入收费站中心工作的各个环节。

第一，推进"两学一做"学习教育常态化制度化。积极推行"双学双做"，制订党内法规和集团、分公司制度双学习计划，组织全体党员党规企规双学，实现先锋工匠双做，不忘初心、牢记使命，始终保持先进性和纯洁性。严格落实"三会一课"制度，组织普通党员讲党课（书记、支部委员必须讲，其他党员积极参与）学习党史等活动，不断提高党员干部的学习能力。

第二，实现四个"融合"。一是融入决策，在制定年度规划、人员调整、争先创优、制度修订等与收费站发展及与员工切身利益密切相关的事项上党支部要发挥领导作用，把方向，管大局，定决策，保落实；二是融入执行，把党组织要求与企业实际紧密结合起来，通过一系列行之有效的措施，促进企业生产经营任务完成；三是融入监督，在关键岗位人员出现异常情况时，党组织要及时"咬耳扯袖"；四是融入制度，对照支部书记主体责任书和监督责任书的要求，不断完善修订支部及收费站相关工作流程或制度，实现党建与企业运营管理制度无缝对接、有机融合。

第三，打造五个"团队"。以党支部为引领，创建由党员及中队长、业务骨干组成的五个团队：环境卫生监督团队、业务标兵团队、文体活动联系团队、互助帮困团队、党员服务团队，将党建融入收费业务、卫生管理、工会文体活动等各个环节，实现企业基层党建工作精细化与实效化。

第四，推选三个"示范岗"。每月推选出"党员示范岗""团员示范岗""服务示范岗"各一名，在绩效考核中兑现加分奖励，与激励奖挂钩，激励党团员群众人人争做干事创业追赶超越的排头兵。

第五，实行全体党员"亮身份、践承诺、受监督、做表率"。全体党员佩戴党徽亮身份，践行承诺树形象，对照"四讲四有"标准。

案例评析：这是一个党支部的品牌建设的体系构建，从总体上，设计的内容比较详细，结构层次。具体来说，设计这个党建品牌标识，较好地融合了党建与企业文化的元素。

在构建这个党支部党建品牌时，首先明确了这个品牌的目的，如品牌名称为"致新谋远 坚实堡垒"。其中，"致新"代表了专心致志、爱岗敬业，致力于过硬党支部和五星级收费站创建，强化服务，促进和谐发展；"谋远"，是指观全局、谋长远、举良策，当好参谋助手。"坚实堡垒"：不忘初心、牢记使命，进一步提升党支部的政治领导力、群众凝聚力和发展推动力，实现政治过硬、班子过硬、队伍过硬、制度过硬和业绩过硬的目标。

其次，这个品牌的构建目的性非常明确，即坚持紧扣"致新谋远 坚实堡垒"的主题，不忘初心、牢记使命，以建设服务型党组织为目标，努力将党建工作融入收费站中心工作的各个环节。

最后，这个品牌的架构较为丰富。如推进"两学一做"学习教育常态化制度化；实现四个"融合"；打造五个"团队"；推选三个"示范岗"；实行全体党员"亮身份、践承诺、受监督、做表率"。

问题与不足：这个品牌最大的不足在于没有一个完整的体系，虽然有内容，但党建品牌的一个关键之处在于构建党建品牌逻辑体系。纵览整个内容，可以把这个五个内容给予一定补充后形成一个较为完整的体系，即12345党建品牌体系，具体内容："1"是一个目标，以建设服务型党组织，努力将党建工作融入收费站中心工作的各个环节为目标。"2"是做到"两个第一"，即坚持"群众第一、服务第一"。"3"是党支部建设三化，即推进"两学一做"等学习教育常态化、制度化和责任化。"4"是实现四个"融合"。一是融入决策，二是融入执行，三是融入监督，四是融入制度。"5"是打造五个"团队"。以党支部为引领，创建由党员及中队长、业务骨干组成的五个团队：环境卫生监督团队、业务标兵团队、文体活动联系团队、互助帮困团队、党员服务团队。

这样经过构建以后，这个党建体系相对符合逻辑，内容更为完整。因为在这个逻辑架构中，既有组织建设，又有理论支撑，还有落地。其中，组织建设就是"三化"，即制度化、常态化和责任化。理论支撑就是"四个融入"。落地就是打造"五支队伍"。实际上，这个五个团队的建设中就是通过一些载体，如"党员示范岗""团员示范岗""服务示范岗"等体现出来。

案例二：上海申能物业管理有限公司党支部创建了申能物业"同心圆服务"品牌

一、标识含义

标志方案由"品牌名称、WY（"物业"的汉语拼音首字）与建筑组合的如同高楼大厦的象形图案、党徽、五角星"等元素所构成的红色圆形图标，直观而醒目地突出了申能物业党支部"聚焦三服务，铸就同心圆"的服务型党建工作特色。

鲜艳的党徽，醒目地突出了申能物业党建引领；五颗五角星是表示公司实现了城市物业服务五星级标准；带曲线的 WY 英文字母组合构筑的白色三横三纵建筑物图案，一是 WY 表示公司专业从事物业服务；二是纵横交错体现公司服务业态的多样性和时代感；三是寓意申能物业党支部聚焦三个服务，充分发挥战斗堡垒和党员先锋模范作用，推动企业蓬勃向上发展，向上延展发挥党建示范作用，全力助推打造"上海服务"新品牌。

标志造型简洁凝练、向上伸展的几何图形传达出朝气蓬勃、昂扬锐气的精神，品牌名称中的中文色彩采用申能黑，汉语拼音采用申能中灰，整体色彩以申能红为主，充满热情，富有朝气，具有较强的识别性和视觉美感。

二、经验做法：聚焦"三服务"、打造"同心圆"

申能物业公司现有员工 856 名，其中在编党员 30 名，入党积极分子 6 名。公司获得全国物业管理综合实力 TOP100、上海"物业管理金牌企业"和上海名牌企业；党支部获得"上海市优秀基层党组织""上海市国资委示范党支部""上海市建设交通行业建设先锋服务型党组织示范点"等多项荣誉。

1. 服务企业转型发展，打造企业发展同心圆。党支部强化组织引领和工作融入，形成党建工作与企业经营同频共振、联动互补的效应，让支部和党员骨干成为企业发展的核心支柱和强大后盾。

2. 服务企业文化建设，打造团队凝聚同心圆。让一线员工"有奔头"，实现"与公司一起成长"，"凭能力定级、靠素质立身"。给困难员工"送温暖"，"团结互助、传递爱心"，凝聚最底层的力量。

3. 服务社区居家生活，构建社会和谐同心圆。搭建集团层面、行业层面、社区层面的党建结对平台，将"热情服务，温馨万家"的宗旨具体化，实现党的工作资源和服务能量互助共享，不断提升服务窗口形象。

三、价值成果

近几年来，申能物业不忘初心，牢记"做精做强、铸就名牌"的使命，以服务型党支部建设为抓手，聚焦"服务企业发展、服务党员群众、服务业主客户"，始终坚持党建工作与经济工作思想同源、目标同向、工作同力、推进同步，进一步增强企业综合实力，在营业收入、管理规模两大指标上取得了明显突破，形成了"党建工作给力、企业发展有力"的良性工作格局，打造了申能物业"坚持党建引领，聚焦三个服务，打造服务型党支部"的党建品牌。

案例评析：这个党支部品牌建设内在逻辑较为严密，科学合理。无论从品牌设计，还是最终的落地方案，都充分反映了这个党建品牌的目的就是做好服务。

从党建品牌的标志方案来讲，设计比较好，很好地将党建与服务问题结合了。充分表达了党建文化与服务企业的基本理念相结合的设计理念。

同时这个品牌的落地也较为恰当。其中品牌是聚焦"三服务"、打造"同心圆"，就是通过三个服务，即服务企业转型发展，服务企业文化建设，服务社区居家生活等，从而打造企业发展同心圆，团队凝聚同心圆，构建社会和谐同心圆显然这个同心圆包括了队伍、企业和社会三个层面。而其中的载体形式也相对契合。如构建社会和谐同心圆时，将运用搭建集团层面、行业层面、社区层面的党建结对平台将"热情服务，温馨万家"的宗旨具体化，实现党的工作资源和服务能量互助共享，不断提升服务窗口形象。

问题与不足：这个党建品牌的不足，主要体现在聚焦三服务，打造"同心圆"这个品牌的党建统领问题上。因为作为党建品牌，必须由党统领文化建设，实现团队的凝结。但在具体落地时，包括让一线员工"有奔头"，实现"与公司一起成长"，"凭能力定级、靠素质立身"；给困难员工"送温暖"，"团结互助、传递爱心"，凝聚最底层的力量等，没有明确出基层党组织和党员负责的具体职责。

案例三：某地交通收费站党建品牌

1. 品牌名称："和"风党建

2. 品牌含义："和"与荷同音，荷花是济南市的市花，荷花的香气清淡细微，有风吹来时飘来淡淡清香。唐朝诗人孟浩然在《夏日南亭怀辛大》中提到"荷风送香气，竹露滴清响"。党建工作与"济泽万众、顺达八方"的文化品牌理念的关系，就犹如这荷与风的关联，济南东收费站将党建工作延伸到每一名职工和每一次服务中。

3. 设计理念：齐鲁交通发展集团济南分公司济南东收费站地处山东省省会重要位置，与机场门户共同打造机场示范路，承载着新时代的新使命，"和风"党建品牌与分公司特色"和"文化品牌交相辉映、相得益彰，更好地激发党建工作的新活力和新担当。

4. 指导思想：以习近平新时代中国特色社会主义思想为指导，认真贯彻落实分公司党委关于品牌创建的工作安排，加强我站服务型党支部的创建，不断提高员工的满意度，增进员工的认同感和归属感。

5. 健全工作制度，增强党性修养

细分岗位。根据工作性质，对执行、监督、管理等三类岗的工作职责、工作标准逐一落实和明确，执行岗位脚踏实地，监督岗位实地问责，管理岗位决策有力；细分流程，梳理收费管理、员工考核等规章制度、达到规章制度系统化。岗位流程的细分，使收费站的工作条理化、清晰化，每个岗位落实责任、监督的常态化、公开化，保证了制度的落实，工作效果不断改进。

6. 结合时代精神，创新工作方式

（1）"和"风党建助力取消省界收费站

BTC 发行是取消省界收费站工作的重要一环，在 BTC 发行的试用期，济南东收费站的员工全力以赴，奔波在路上、奔走在雨中，人人都是销售员，人人争当销售冠军。

为响应济南分公司关于组建"BTC 攻坚党员突击队"的通知，2019 年 9 月 29 日上午，济南东收费站党支部召开"BTC 突击小组"动员大会，对全体党员进行动员部署。党员内部相互选择合伙人，组成 BTC 突击队，两两结合，共分成四个小组，定期对小组进行评比，排名靠前者实行奖励制度，排名落后者要写出书面检讨。

11月底，为全面迎接入口治超工作，我站党支部立即召开党员大会进行决策部署，随后，又号召员工力将弹力柱拆除，并将护栏中柱等硬件抬进仓库，大家一鼓作气、众志成城，拆除过后，又在规定位置摆放好安全锥、防撞桶和隔离墩，并拦截大货车进行实地演练，为12月1日治理超限超载工作做足准备。取消省界收费站，是大势所趋，济南东收费站的全体党员充分发挥模范带头作用，定当全力以赴，不负使命。

（2）"和"风党建传递"爱的种子"

我们将雷锋精神发扬到位，我们将爱的种子播撒于众，我们的承诺如同春风化雨，为过往的司乘人员提供最优质的服务。

2019年9月5日，济南东收费站通过监控发现匝道口有一位老人坐在高速路边，当班领导多次调取监控，班长一路找寻，终于发现了他。经询问得知大爷的家就在经十路旁，班长一路搀扶着老人走到经十路上，直到确认他安全了，又看着他走了好远，才放心地返回了收费站。

从12月9日到10日，济南周边迎来连续大雾天气。济南东收费站一入口被迫封闭，近百辆大货车滞留在邢村立交排长队。一昼夜的等待让司机们的食物和水都已消耗殆尽。从9日始，收费站的工作人员决定把他们作夜宵的粥送给这些司机。苦等多时的司机们拿着自己的杯子、饭缸下来盛粥。他们连声感谢这些收费员们的热心、让他们在漫漫长夜有了一份温暖。10日，高速公路恢复通车，这些被困二十几个小时的司机们纷纷道谢，开始踏上征途。

这是好人好事，这更是分内职责，济南东收费站践行"全心全意为人民服务"的宗旨，解司乘之需，答司乘之疑，燃司乘之急，将打造优质服务团队贯彻始终。

（3）"和"风党建温暖员工心房

为了给大家创造一个温馨满意的工作环境，解决员工的工作生活需求，我站支部委员多次与中队人员谈心谈话。另外，我们还通过召开座谈会、进行职工满意度调查等形式，要求各位党员在平时工作中多听、多看、多记录，制定工作计划，建立员工困难台账，及时解决问题，及时为广大员工服务好。

为使员工吃得放心，吃得开心，济南东收费站特地联合其他部门成立伙食委员会，定期听取员工对食堂伙食的意见和建议，并同食堂师傅定期座谈，商讨食堂管理工作。我们还为值班在外的管理人员准备好微波炉、便当盒，以便他们奔波归来时还能有热腾腾的饭菜。

（4）"和"风党建联合青年团组织

济南东收费站青年团员力量强大，充满活力，党员和团员两两联合，强化服务、宣传、教育、引领作用，助力打造温馨员工之桑。

为弘扬中华民族传统文化，增强收费站同周边社区的交流和凝聚力，6月5日下午2点，济南东收费站的党员、团员和群众一行来到恒大名都社区同社区居民一起包粽子欢度端午节，并看望慰问了社区困难群众，将共建文明和谐社区活动推向新的高度。

（5）丰富员工生活，全面开展活动

我们走出去、学起来，参观党史陈列馆、参观解放阁、参观英雄山纪念馆，缅怀革命先烈，传承英雄事迹，提高党员团员的思想觉悟；我们带领大家参观安全器械，讲解安全知识，开展"安全生产在我心"的主题党日活动。

中秋节来临之际，我们举办"做月饼、庆中秋"的活动，为过节期间仍坚守在一线的员工送去温暖。大家欢聚在一起，有的揉面团，有的压皮，有的包馅，有的压模具，其乐融融。玉食皆入口，此饼乃独绝。小小的月饼，却有着浓浓的爱意。

案例评析：该党建品牌案例是属于交通运输行业的，应该说这个党建品牌案例提到了自己的一些做法并尽最大可能亮出了自己交通运输服务行业的一些特点。比如对于党建品牌标识设计方面，以浓郁的地方特色的荷花作为标识背景，同时也尽可能的作出了落地：以"和"风党建传递"爱的种子"，为过往的司乘人员提供最优质的服务；以"和"风党建温暖员工心房，解决员工的工作生活需求；以"和"风党建联合青年团组织，加强济南东收费站青年团员力量强大，充满活力，党员和团员两两联合，强化服务、宣传、教育、引领作用，助力打造温馨员工之荣；还要丰富员工生活，全面开展活动，让员工走出去、学起来，参观党史陈列馆、参观解放阁、参观英雄山纪念馆，缅怀革命先烈。这些都是这个品牌的优点。

这个党建品牌设计也存在较大的问题。一是关于标识的设计。不能用一个事物来作为一个标识，因为党建品牌的标识更多的是用抽象化的方式表达，这样用一个完整的事物表达是合适的。同时将党徽放置的位置也不合适，这样的设计使其比重降低。二是这个党建品牌没有一个体系，就是简单的列举，这样的列举非常凌乱。同时也没有体现出理论支撑，显得非常空。三是落地的载体也没有用方案形式表达，没有具体的方案。这样的落地往往会落空，不是落实。而且在落地方案中也没有表现出基层党组织、基层党员的先进性和引领性。四是这个交通运输的服务部门在落地落实中没有真正打造出自己的特色，也就是围绕交通服务最大限度地打造出自己的亮点。因此，这个党建品牌需要做出很大调整。

案例四：中国移动山东公司：创新运用"1+3+X"党支部工作模式全面打造国企发展"红色引擎"

随着通信技术的飞速演进，作为地方主导通信运营商，中国移动山东公司进入转型发展的关键时期。为了提升基层党支部的组织力，促进党员和党组织作用发挥，更好地推动公司实现高质量发展，中国移动山东公司党委在所属341个党支部中全面推广"1+3+X"党支部工作模式，在实现党的领导全覆盖、无死角的基础上，推动党建与业务工作深度融合，在火热的生产经营实践中锤炼党员队伍，使党员真正成为企业发展的"红色引擎"，使党支部真正成为"团结群众的核心、教育党员的学校、攻坚克难的堡垒"。

一、概念定义

"1+3+X"党支部工作模式，即：1个支部委员，带领1个党员小组、1个团员小组、1个会员小组，围绕公司中心任务，开展X项攻坚克难工作。

二、组织实施

在"1+3+X"党支部工作模式下，各项工作的领导者身份由职业经理人转换为党支部委员，参与者的身份由员工转换为党员、团员、工会会员，工作任务由日常生产经营工作转化为攻坚克难任务，目的是依靠党的领导，发挥党的强大的组织优势，全面推进企业生产经营各项工作。

（一）支部委员分工负责、具体组织。坚持党支部书记是第一责任人，但不是唯一责任人，向支部委员明职责、压担子，充分调动支部委员参与党建和业务工作的积极性。各支部委员根据专业分工，带领分管领域的党员小组、团员小组、工会会员小组开展工作。

（二）党政工团积极参与、发挥合力。明确党员小组、团员小组、工会会员小组三支队伍，党员、团员、工会会员在支部委员的带领下，步调一致开展工作，真正做到有员工的地方就有党的组织，就有党的工作，实现了党的领导在基层单位的全覆盖、无死角，促进了基层组织合力的发挥。

（三）攻坚克难工作助力公司深化改革、转型发展。实行工作项目化、项目节点化、节点责任化，将攻坚克难任务分为4个类型：一是常态攻坚克难，是指各党支部根据本单位的工作性质和工作重点，常态化开展的攻坚克难工作；二是阶段攻坚克难，是指在特定时间内，围绕规模较大的临时性任务，阶段性开展的攻坚克难工作；三是命题攻坚克难，是指为解决企业发展难题，力争尽快取得某项工作关键突破或进展，探索性开展的攻坚克难工作；四是主题攻坚克难，是指围绕某一特定目标或重点任务，开展的攻坚克难工作。

三、机制保障

结合企业实际，配套建立意识提升机制、能力提升机制、激励保障机制3项机制，为党员干部员工加油加力，为攻坚克难活动提供保障。

（一）意识提升机制。加强思想引导，引导党员干部员工在严肃认真的政治生活中加强党性锻炼，进一步转变作风，走出会场、走向市场、走进现场，提高服务和沟通效率。

（二）能力提升机制。借助于网上大学、视频教学、集中授课等形式，开展分层级、分专业、分条线的学习培训，帮助攻坚克难团队提升能力，推动攻坚克难任务有效落地。

（三）激励保障机制。大力推进"员工满意工程"，通过物质激励和精神激励相结合的形式，塑造劳动光荣的价值导向，建立多劳多得的奖励机制，使各级基层党组织和广大党员干部员工前进有目标、工作有追求、干事有动力。

通过近3年的推广运用，"1+3+X"党支部工作模式成为中国移动山东公司各党支部围绕中心抓党建的有效抓手，带动公司党建工作水平提升，促进生产经营各项任务的完成，公司党建工作和生产经营业绩连年在全集团范围内排名前列。"1+3+X"党支部工作模式被中国移动通信集团公司遴选为"具有推广价值的好经验好做法"，多次在集团公司各项会议上做典型发言。以"1+3+X"党支部工作模式为专题整理的思想政治工作论文在中国移动通信集团公司开展的2018年度思想政治工作研究成果论文评选中获一等奖，在山东省委省直机关工委开展的2018年度优秀政治思想工作研究成果评选中获一等奖。

案例评析：中国移动山东公司为了提升基层党支部的组织力，促进党员和党组织作用发挥，更好地推动公司实现高质量发展，在党支部中全面推广"1+3+X"党支部工作模式，是山东移动公司的党建品牌建设比较突出的一点，它注重党组织和党员的引领作用，实现了国企党建工作会议要求的党对企业发展的统领作用，将党组织嵌入融入企业的生产发展之中，实现党的领导全覆盖、无死角，在生产经营实践中锤炼党员队伍，使党员真正成为企业发展的"红色引擎"，使党支部真正成为"团结群众的核心、教育党员的学校、攻坚克难的堡垒"。这是该党建品牌的一大亮点。同时为了使这一党建工作模式能够落地，建立了一系列的制度保障，如能力提升机制的网上大学、视频教学、集中授课等形式，以及激励保障机制。

但是，严格来说，这是一个党建体系。对于山东移动公司来讲，每个党支部都要求以这种模式来开展党建统领移动工作。但这种结构模式使得很多党支部都形成了千篇一律的模式。事实上，党支部品牌建设的一个基本要求就是突出的一支部一品牌特色的问题。所以这种模式对于支部品牌建设要慎用。假使要用这种模式，党支部在执行时一定要突出这个X中一项的不同。同时这个党建品牌建设有关落地的内容相对宽泛，没有设计具体的方案，用X代替所谓的攻坚克难工作。

案例五：国网吉林供电公司："互联网+党建"平台打造"一站一中心"建设新模式

国网吉林供电公司（以下简称"吉林公司"）是国网吉林省电力

有限公司所属的国家大型一类供电企业，成立至今已拥有百年历史，文化底蕴深厚。多年来，吉林公司党委紧密结合企业发展实际，坚持"跳出党建看党建"工作思路，开展以互联网为依托，党建工作为中心的"互联网+党建"模式，积极探索创新党建和思想政治工作的载体和方式，充分发挥思想政治工作在员工中的主体作用和有效调节作用，将思想政治工作与激励员工心理成长和解决员工诉求有机融合，通过"一站一中心"（员工诉求服务中心、心理服务站）建设，活化员工思想教育方式，丰富员工思想交流平台，畅通员工诉求服务渠道，把握员工健康思想导向，积极引导和培育员工健康、阳光的心态，点亮员工心生活，提高员工幸福指数，实现了思想政治工作由"事后灭火型"向"超前防范型"的转变，构筑起凝聚企业发展正能量的思想基础，促进公司和谐、健康、稳定发展。

一、项目背景

近年来，随着经济社会的发展，改革的日益深入，涉及员工社会保险、医疗保障、劳动合同纠纷等矛盾日益凸显。首先，企业内部的改革关系到员工的切身利益，如果处理不及时极容易导致各种不稳定因素的发生；其次，供电企业存在地域分布广、员工结构复杂、劳动关系多样等特点，作为高危行业，员工承担着重大的安全责任和服务责任；最后，随着互联网的日渐普及，微信、微博等平台的广泛运用，员工使用互联网表达诉求的频率越来越高，互联网作为一种上传下达的工具，扮演着越来越重要的角色。在互联网时代，如何运用"互联网+"稳"故"而纳"新"，作好新形势下的员工心理疏导，畅通员工诉求渠道，最大限度激发和调动员工主人翁责任感和使命感，创建企业积极向上、凝心聚力的发展正能量，成为企业发展的当务之急。

2012 年 10 月，吉林公司以"倾听员工群众心声、服务员工根本利益、解决员工实际困难、促进企业和谐发展"为目标，按照省公司提出的"打造吉林省电力有限公司一张名片"的要求，锁定"畅通员工诉求渠道，打造阳光和谐企业"的发展目标，创立了员工诉求服务中心（心理服务站）。2015 年 12 月，吉林公司创新党建工作载体，转变思想政治工作方式，拓宽员工诉求服务领域，启动"一站一中心"建设改造提升工程，将员工的侵权投诉、利益需求、生活烦恼、精神苦闷以及合理化建议等都纳入"一站一中心"受理范围，同时，有效利用"互联网+党建"工作模式，不断规范制度管理、丰富诉求内容、完善平台建设，引导员工合理表达利益诉求，第一时间倾听员工呼声，为员工合理的利益诉求打开了一条绿色的表达渠道，为企业舒压减震、和谐发展汇聚了正能量，实现了对员工生活上关心、精神上安慰、发展上培育、快乐上共享，成为密切公司与职工群众关系的一座连心桥，被员工称为"温馨家园"。

二、主要做法

吉林公司员工诉求服务中心（心理服务站）是"党委领导、行政支持、工会运作、各方配合、员工参与"的服务机构，也是员工思想政治工作的一个有效载体，其定位是：员工队伍建设的"运营监测中心"；员工思想状况的"调查疏导中心"；员工热点问题的"协调解决中心"；政策形势任务的"宣传解读中心"；生产经营工作的"政务交流中心"；企业和谐稳定的"协助保障中心"；密切干群关系的"关爱传输中心"；经营者集团的"信息快报中心"。

公司从"定目标、建机制、抓流程、落责任"做起，实施开展"互联网+党建"工作模式，精心打造"四个一"，创建了一个内容全面、规范便捷、管理科学的党建和思想政治工作新机制。

1. 明确一个统一的目标指向。拓宽受理范围，将员工的侵权投诉、利益需求、发展愿望、生活烦恼、精神苦闷等都纳入"一站一中心"受理范围，并将诉求受理、矛盾化解、心理疏导、排忧解难等职能有机结合起来。

2. 建立一个完整的组织机构。自上而下成立了由党政主要领导担任组长的领导机构，履行第一责任人义务。公司党政主要领导亲自主持召开会议，研究部署员工诉求、心理服务工作，亲自深入基层检查指导，当好"推手"。

3. 构建一个清晰的工作流程。制定了"统一受理、集中议事、责任归口、跟踪督办、受理反馈、定期汇报"的"闭环式"运行管理机制。员工通过面谈、打电话、写信、发邮件、网络诉求信箱、填写"阳光卡"、微信公众平台、总经理接待日等任何一种方式发出诉求申请后，"一站一中心"服务人员首先进行诉求申请登记，然后判断其是否属于诉求受理范围。属于受理范围的，根据诉求内容进行分类，然后填写诉求办理卡，下发转办意见。属于基层单位办理的，直接转办到诉求分中心和心理服务站；属于职能部门办理的，按照人资、生产、生活、法律援助等进行分类，转办到职能部门；对于涉及多部门办理的诉求，组织召开集体议事会议，共同审议，协商办理；重大及特殊事项则报请公司总经理办公会，由领导班子审议决定。承办部门受理诉求事项后要在有效工作期内（一般事项两周内办结，重大及特殊事项3个月内办结）向诉求中心和心理服务站给出答复意见，然后承办部门按照答复意见进行落实办理，服务人员进行跟踪监督。承办部门办理完毕后将结果报送给诉求服务人员，诉求服务人员再将结果反馈给诉求人并进行满意度调查。从诉求人提出申请到满意度调查，整个流程实现闭环式管理。公司不定期下发简报，员工可以随时了解诉求工作动态及诉求事项办理结果。

4. 制定一套有效的考评机制。强化主要领导、第一责任人、具体责任人、直接责任人的职责，制定《吉林供电公司员工诉求服务责任追究实施办法》，建立考评机制，做到与安全生产工作同步、与创先争优评选同步、与绩效考核同步、与队伍建设考评同步，使诉求、心理服务工作成为引领企业创新发展的有力抓手，不断推动整体工作上台阶。

三、具体内容

（一）理念和内涵

吉林公司以"互联网+党建"为保障，以"培育阳光心态员工，打造阳光和谐企业"为目标，以"一站一中心"建设和互动效应为载体，第一时间倾听员工呼声，帮助员工进行心理调解、宣泄不良情绪、缓解心理压力，解决员工诉求，并进一步实施思想影响，把员工的智慧和力量凝聚到加快企业发展上来。

（二）具体措施

1. 打造员工诉求服务平台，柔性解决"疑难事"

吉林公司通过由上至下进行诉求服务体系建设，切实解决员工诉求，把问题解决在基层，将矛盾化解在萌芽。

一是建立"标准化"诉求流程。经过缜密设计和科学论证，吉林公司建立了覆盖吉林地区各单位和各业务领域的员工诉求流程和标准体系。通过从上至下进行体系建设，确保了从下至上不折不扣地执行和落地。

二是构建"金字塔"服务体系。在各基层单位建立员工诉求服务分中心，形成公司本部和基层分中心两级平台管理的"金字塔"服务体系，协同推进流程、制度、绩效等管理体系建设，层层分解，逐级落实员工诉求，确保员工诉求件件有回音、事事有结果。

三是落实"责任化"工作机制。确定各级党组织负责人是思想政治工作的第一责任人。公司领导班子交叉任职、专兼结合，党委书记任副总经理，总经理任党委副书记，实行行政领导"一岗双责"的思想政治工作责任制，优势互补，分工明确。

四是融合"绩效化"管理标准。有效整合现有流程和标准，通过内控监督和绩效考核等管理手段，切实解决管理责任层面不清、监督考核不严等问题。

五是实施"闭环式"管理程序。从受理诉求、落实责任部门、跟踪督办、结果反馈到满意度调查，整个流程实现闭环式管理，防止出现虎头蛇尾、有接待没结果的现象，提升员工对企业的信任感和认可度。

六是创新"现代化"诉求平台。吉林公司党委从员工实际需要出发，在员工诉求中心这个大平台下，依托"互联网+党建"工作模式，推出"三网两卡""一线一动一车一交流"等十个诉求平台，确保员工诉求的充分表达，彻底实现无障碍诉求。

诉求平台一："阳光家园网站"。阳光网站是公司的内部网站，设计新颖，页面温馨，员工可以通过网站上的"诉求信箱"填写诉求事项，并由专人定期分类汇总分析诉求事项。

诉求平台二："阳光卡"。阳光卡发放到班组，公司与邮政局合作印刷了附有邮资的信封，上面印有诉求服务中心的投寄地址。阳光卡的正面是征集员工的意见和想要反映的问题，背面印有诉求服务中心的办公地点、服务电话、邮箱、网址等。目前，已经发放8000多封阳光卡，并通过抽奖活动鼓励员工发表意愿。

诉求平台三："三级民主管理信息卡"。该项目被吉林省总工会评为"工会工作创新奖"。班组为一级受理、所在单位为二级受理，公司为三级受理，是员工自下而上反映问题的有效途径。

诉求平台四："阳光行动"。公司各级干部转变作风，变上访为下访，深入基层接地气，直面员工听心声。直接根据所掌握的员工思想脉搏进行疏导。同时，对涉及员工切身利益的问题，当面接待、当场研究解决。4年间，共深入基层单位236次，化解和解答困难和问题79件，及时消除企业发展和员工生活中的障碍。

诉求平台五：诉求服务中心"面对面"交流。诉求中心设立在吉林公司综合办公楼，通过谈心式的接访，让诉求人放下包袱、打开心结，去除心理防线，从而耐心、舒心接受诉求服务中心的答复意见和受理结果。

诉求平台六："4955"服务专线电话。在全省率先开通了"4955"员工诉求服务专线电话，员工可以足不出户，通过打电话的方式表达诉求意愿。

诉求平台七：开通诉求e路通微信公众平台。平台上开设三大模块，包括微诉求、微心理、微关注。方便员工更加便捷地了解诉求服务中心职能、建设及工作开展情况，实现信息发布更及时、受众更广、诉求更便捷、沟通更顺畅。

诉求平台八：建立员工诉求微博。把握科学、客观、可行的原则，快速、精准定位员工反映比较集中的问题，分析其中的共同点，找出问题的成因，并对诉求事项发生的时间节点和诱因等要素进行总结，为有针对性地开展预防工作提供参考。

诉求平台九：设立"经理接待日"。公司两级单位每月同步开展"经理接待日"活动。根据诉求内容，总经理带领相关责任部门，在诉求中心与员工面对面交流，当即解决员工诉求。首期经理接待日就接待解决了12件员工诉求问题。

诉求平台十：诉求直通车。实现"诉求服务走基层"，从"坐等来"诉求到"主动寻"诉求的转变，上门听取诉求意见，直通车半年行程10万公里，走访54个站所。

2. 构建心理服务站体系，干群倾谈"知心话"

吉林公司成立心理服务站，构建起"2241"的运作模式，从固定到流动，变被动为主动，通过开展心理健康宣传，举办知识讲坛、讲座，心理辅导员上门谈心，电话和网络咨询等服务方式，全面帮助员工进行心理调整，缓解心理压力，消除思想障碍，提高员工的心理适应和自我调适能力，促进了员工的心理和谐。

"2"——建立两套体系。一是建立一套科学、完善的员工心理发展和成长关爱体系；二是建立一套以问题发现、心理干预、行为预防为核心的危机预警体系。

"2"——培养两支队伍。一是以党群部门人员和部分班组长为骨干的专员队伍能够胜任日常的员工心理辅导、危机干预及相关培训策划、实施工作；二是以党、工、团、职工代表，部门管理者和班组长为主的观察员队伍可以协助管理层开展员工职业心理健康管理和监测，开展问题员工识别和帮助。

"4"——搭建四个平台。一是养成平台：开发基层管理者成长培训体系和政工人员成长培训体系相关课程，帮助他们掌握提高心理素质的基本方法，增强对心理问题的抵抗力，让他们引导和培养员工积极向上的工作方式，有效提升员工心理资本和幸福感、以员工关爱促进员工队伍心理资本提升、能力资本提升，最终实现人力资本的整体提升，工作绩效和企业效益的明显提升；二是培训平台：依托"道德讲堂""周末文化讲坛"等载体，开展安全心理学、阳光心态、沟通管理、压力适应、危机应对、婚姻家庭等方面的讲座，切实加强对员工心理学知识的普及，使员工掌握心理健康标准，提高认知能力，增强自我调适能力，逐步改善员工心智模式；三是咨询平台：开通"心灵e站"微信平台和"2241"关爱热线，打造"一站式"员工心理服务平台，将心理辅导、咨询列为员工的常态精神福利，舒解员工心理和精神压力，引导员工塑造自尊自信、和谐向上的积极心态。设立职工关爱中心，建立员工健康档案，依托外部专业心理咨询师和内部党务工作者队伍，对员工进行心理健康评估和心理辅导，营造文明和谐的企业氛围；四是预警平台：加强员工职业心理健康预警管理，及时开展思想动态调研，准确了解掌握员工阶段性心理微变化，靶向开展员工心理健康教育，及时调整在工作压力、权益调整、人际关系及婚姻家庭等方面出现的心理问题，进而提升员工队伍心理资本，塑造员工阳光健康心态。

"1"——实现一个目标。切实营造一个员工恳谈交心、关爱帮扶暖心、为民服务称心、办公环境舒心、安全生产放心、互促共建齐心的发展环境，促进员工与企业共同成长，保障公司的健康、长效发展。

四、取得成效

通过4年多来的探索与实践，吉林公司"一站一中心"建设已经迈入良性运转轨道，同时，通过有效运用"互联网+党建"模式，使其运行机制更加完善，平台设计更加合理，工作更加贴近实际，班子敢于直面问题，考核督办更加严格。

1. 有利于信访稳定工作的开展，"一站一中心"成为员工和企业的平衡器。"一站一中心"通过心理疏导，与员工沟通交流，及早发现员工的思想矛头和倾向性问题，并与公司信访办公室随时沟通信息，及时向诉求人解释答复政策规定，心贴心进行思想疏导，把一些信访问题及时解决在最小范围内，为公司承担和缓解了信访压力，避免了越级上访事件的发生，促进了企业和谐稳定。

2. 有利于化解员工心理障碍，"一站一中心"成为员工困难的支撑器。2012年以来，公司心理服务站共深入基层单位376次，化解和解答困难和问题179件，及时消除企业发展和职工生活中的障碍；诉求服务中心共受理各类诉求信息264件，其中人力资源类111件，安全生产类24件、职工生活类65件、法律援助类7件，综合管理类57件。

通过面对面交流，心贴心沟通，实打实服务，员工的心里话有人听，烦心事有地方诉，困难事有人管，不仅化解了社会矛盾，也为基层领导分担了调解工作的压力，同时也密切了与职工的关系。

3. 有利于企业和谐发展，"一站一中心"成为企业改革发展的推进器。"三集五大"体系建设、集体企业改革改制是事关全局的重大改革，员工关于岗位设定、职责分工、工作界面划分、办公室调整等问题，及时通过"一站一中心"反馈给相关职能部门。"一站一中心"及时进行跟踪督办，为员工反馈答复意见。改革期间，未发生一起员工上访或闹访事件，人员流动平稳高效，用工效率大幅提升。

4. 有利于安全生产和经营管理，"一站一中心"成为生产经营的稳压器。企业真心实意为员工解决心理、思想和工作生活中的实际问题，把服务作为前置，员工用实际行动回报企业。仅 2015 年，员工围绕企业发展开展技术创新，提出有价值的合理化建议 200 多条，公司被评为优秀组织单位。公司实现连续安全生产 11 年。

5. 有利于更好地履行社会责任，"一站一中心"成为促进地方经济发展的助推器。以人为本，依靠员工，为了员工，使员工以愉悦的心情投身于工作中，产生了强大的正能量，员工凝心聚力以优质的服务态度、优良的工作作风、优异的工作业绩建立良好的供电企业形象，充分体现国家电网公司的服务品牌。

五、分析与思考

利用"互联网+"推进党建和思想政治工作经过一段时间的探索和运行，收到了较好效果，但同时要正确处理好五个方面关系：

一是必须坚持以服务广大员工为重。员工利益无小事。"把员工的呼声作为第一信号，把员工的需要作为第一选择，把员工的利益作为第一要务，把员工的满意作为第一标准"的管理态度，有效提升了员工心理资本和幸福感，营造出组织关心、管理者用心、员工知心的和谐氛围。

二是"一站一中心"建设根在基层，重在实效。"一站一中心"是员工卸包袱、发牢骚、出怨气、倒委屈、讲实话的心灵驿站。突出

"服务"职能，体现为公司、为基层、为员工"主动服务""满意服务"的本质。

三是员工诉求服务工作是发展基层民主、保证共建共享、实现劳资双赢、构建和谐企业的有益探索，也是新时期加强群众工作管理的一个创新举措。"真情、真诚、真帮、真办"是"一站一中心"能够充满活力、保持生命力的关键，也是员工受益、企业获利的关键，这也给党群工作带来了新的活力。

四是"一站一中心"的建立使党员干部思想认识进一步提高，作风进一步转变，干群关系进一步密切，务实形象进一步树立。由于公司班子注重发扬工会的依靠方针，注重把维护和保障员工权益放到公司发展首位，注重培养、调动和激发员工的聪明才智，注重展示企业的魅力，释放企业发展正能量，实现了经济和社会效益的最大化。

五是正确运用互联网技术，提高科学表达诉求的能力和水平。"互联网+"平台作为一种传导渠道，已成为吉林公司党建和思想政治工作的一项辅助工具和重要抓手，但也存在海量信息聚集，容易误导舆论风向，混淆视听，难辨真伪等缺点。因此，运用中要注重源头预防，在解决合理诉求的同时，有效化解不稳定因素，使互联网技术最大程度的发挥自身价值。

案例评析：该案例结构清晰，主旨明确：实现党建工作为中心的"互联网+党建"模式，积极探索创新党建和思想政治工作的载体和方式，充分发挥思想政治工作在员工中的主体作用和有情调节作用，将思想政治工作与激励员工心理成长和解决员工诉求有机融合，通过"一站一中心"（员工诉求服务中心、心理服务站）建设，活化员工思想教育方式，丰富员工思想交流平台，畅通员工诉求服务渠道，把握员工健康思想导向，积极引导和培育员工健康、阳光的心态，点亮员工心生活，提高员工幸福指数，实现了思想政治工作由"事后灭火型"向"超前防范型"的转变，构筑起凝聚企业发展正能量的思想基础，促进公司和谐、健康、稳定发展。

落地方式可行。围绕主旨，以互联网与党建的结合这种方式，打造员工诉求服务平台，并倾力打造十个方面的诉求平台，一、"阳光家园网站"；二、"阳光卡"；三、"三级民主管理信息卡"；四、"阳光行动"；五、诉求服务中心"面对面"交流；六、"4955"服务专线电话；七、开通诉求 e 路通微信公众平台；八、建立员工诉求微博；九、设立"经理接待日"；十、诉求直通车。同时构建起"2241"心理服务站运作模式。

总的来说，这是围绕企业员工的心理健康，开展政治思想工作较好的一种方式，也是这个党建品牌最为突出的特色和亮点。

问题与不足：该党建品牌的理论体系缺乏内容，这里提出了以"党建"引领，但在整个党建品牌建设的架构体系中没有体现出党建理论。同时，在实际实施方案中没有看到党建是怎样引领落地落实的。实际上在做党建品牌时一定要注意的一点就是，必须发挥出党组织和党员的先进性。在以上的党建品牌体系中，没有明显的体现出这一点。这个品牌建设如果能够补充完善上这些就较为完善了。比如在诉求服务中心"面对面"交流中就应当把党员、党支部委员和党支部书记作用发挥出来。

案例六："红色引领"党建品牌

为进一步完善工作制度，激发全县卫生健康系统各级党组织、广大党员干部拼搏赶超的干事热情，努力实现更大作为，现就创建"红色引领"党建品牌，制定如下实施方案。

一、指导思想

以习近平新时代中国特色社会主义思想为指引，深入贯彻落实党的十九大精神，紧紧围绕全面从严治党要求，进一步深化"两学一做"学习教育，从强化基层党组织政治功能和服务能力着手，通过创建"红色引领"品牌，加强和创新基层党的建设，带动全县卫生健康工作持续发展。

二、目标任务

在公立医院开展"红色引领"活动，综合运用配强班子、建好队伍、完善制度、健全机制、推进"党建+"系列红色活动等多种方式，积极推动医院党建工作与业务工作有机融合，充分发挥医院党组织的战斗堡垒作用。一是基层组织体系全面覆盖。创新组织设置，完善组织体系，实现党的组织由"有形覆盖"向"有效覆盖"迈进。二是党员队伍建设全面过硬。配强党组织班子，完善党建工作制度，充分发挥党员的先锋模范作用和党员干部的中流砥柱作用，建立一支有信仰、有信念、有纪律、有担当的过硬队伍。三是建立一批富有实效的党建品牌。开展争创"先锋天使"活动，设立"党员先锋岗""党员示范岗"，开展"三亮三评"评比活动，推进基层组织服务内容和方式不断创新。四是实现群众满意度全面提升。完善医德考评制度，提升医院服务整体水平，做好惠民服务，融洽医患关系。五是推动发展能力全面增强。坚持围绕中心、服务大局，把党的政治优势和组织优势转化为推动医改发展的优势，形成同心协力谋发展的良好氛围。

三、创建标准

1. 健全党的领导。发挥医院党组织领导作用，构建党组织参与医院重大决策机制，深度融入、深度参与医院发展。

2. 严格党的组织生活。落实意识形态工作责任制，管好医院各类思想文化阵地。"三会一课"制度严格落实，组织生活会和民主评议党员、党组织书记抓党建述职评议、主题党日、谈心谈话等组织生活开展正常且成效明显。"两学一做"学习教育常态化制度化推进有力，"不忘初心、牢记使命"主题教育认真开展。

3. 夯实党建基础。党员活动场所建设符合"有场所、有设施、有标志、有党旗、有书报、有制度"的"六有"标准。"党建+"系列活动有声有色。将党建经费列入医院年度经费预算，足额保证党建工作需要。

4. 精准发展党员。能够按照"把业务骨干培养成党员，把党员培养成医疗骨干，把党员骨干培养成后备干部"的"三培养"机制，重点发展医疗专家、学科带头人、优秀青年医务人员入党。

5. 树立良好医风。建立党组织主导、院长负责、党务行政工作机构齐抓共管的医德医风工作机制，医务人员医德考评制度得到落实，能够将医德表现与医务人员晋职晋级、岗位聘用、评先评优和定期考核等直接挂钩。医患关系和谐，群众口碑好，满意度高。

四、推进措施

（一）突出思想引领

1. 持续加强党员理想信念教育。通过组织医院党员参观红色教育基地、重温入党誓词、观看先进典型宣传片、开展"红色引领"主题征文、书画摄影展、党史知识竞赛、演讲比赛、文艺演出、开办"红色文化大讲堂"等方式，进一步增强宗旨意识、树牢理想信念。

2. 强化理论学习，坚定理想信念。扎实推进"两学一做"学习教育常态化制度化，组织党员深入学习贯彻习近平新时代中国特色社会主义思想和党的十九大精神，开展好"不忘初心、牢记使命"主题教育，切实加强红色理论武装。推行"党建+教育培训"模式，采取"请进来"与"走出去"的方式，重点办好三类班次。办好主题班，组织党组织书记、中青年干部、党员干部轮训，全面提升党员干部围绕业务抓党建的综合能力水平。办好示范班，分层次培养党务干部、入党积极分子、入党发展对象，为各基层党组织开展党员培训做好示范。办好行业班，开办民营医院党建指导员培训班，不断加强民营医疗机构党建工作水平。

3. 扩大党建宣传，繁荣红色文化。按照有场所、有设施、有标识、有党旗、有书报、有制度的标准，规范党员职工服务中心建设，建设"红色阵地"。在各级公立医院营造开展"红色引领"党建品牌的浓厚氛围，采取悬挂标语、医院文化墙建设、召开动员会议、开展"主题党日"活动等形式，使广大医务工作者深入了解"红色引领"活动的任务要求，动员医务工作者积极参与。

（二）强化制度引领

1. 加强公立医院党组织标准化规范化建设。严格落实和执行党的各项组织生活制度，认真落实和坚持"三会一课"、民主生活会和组织生活会、谈心谈话、民主评议党员、党员领导干部参加双重组织生活等制度。坚持每月相对固定 1 天开展"主题党日"活动，推行医院党组织班子成员联系帮包后进党支部制度，有效提升党组织组织力。

2. 大力促进医德医风不断转变。结合患者评价反馈和医院党组织公开评价，建立完善医务人员医德考评制度，将医德表现与医务人员晋职晋级、岗位聘用、评先评优和定期考核直接挂钩，持续加强医德医风建设。加强党风廉政宣传教育，推进廉政文化建设。持续开展重要岗位和时间节点廉政提醒等工作。充分发挥反面教材和反面典型的警示教育作用，教育引导党员干部和医务工作者严格遵守党的纪律和工作制度，杜绝违纪违规现象。

3. 充分发挥医院党组织领导作用。各公立医院党组织要坚持以政治建设为统领，健全党委议事决策制度，医院"三重一大"问题均由党组织班子集体讨论决定，确保党组织领导核心作用。坚持"哪里有业务工作，哪里就有党组织"的理念，积极构建党组织参与医院重大决策、重要活动的机制，深度融入、深度参与医院发展。

（三）注重示范引领

1. 充分发挥党员发展的正向激励作用。强化党管人才，全面释放医院的"人才红利"。积极推动党建工作和医院中心业务工作深度融合，坚持从理想信念坚定、医德医技好的业务骨干中发展党员。完善人才引进机制，大力实施"人才强院"战略，优先选派党员骨干到先进医院进修学习，培育技术过硬的党员干部队伍，全面提升医院的核心竞争力。

2. 开展争创"先锋天使"工程。各医院通过组织"星级争创"活动，每年在本系统各行业评选出一批"五星"基层党组织和党员；结合"七一"纪念活动、"5·12国际护士节"纪念活动，"最美白衣天使"评选活动，评选一批先进典型。通过广泛宣传推介，引导基层党组织和党员比着干、跟着干、学着干；同时，各单位要从医务人员中发现闪光点和亮点，带头选树一批"履责尽责先进个人"，树立拼搏赶超标杆旗帜；在全系统积极营造崇尚典型、典型光荣的文化氛围，传递学习先进、宣传先进的正能量。

（四）提升服务引领

1. 强化先锋惠民，更好焕发医院的"党建活力"。创新工作机制和方法，加强党员教育和管理，实施好党员星级管理制度，分类评星定级，激励党员争星晋位。建立医德医风"一票否决"考评、病人评价医生等工作机制，切实提升广大医务工作者的服务意识和敬业精神，积极构建和谐医患关系。要始终坚持以患者为中心，大力塑造"感恩为体、服务为本、礼仪为先"的医院文化，创新开展"做合格党员、提升医护能力、为党旗添辉"主题活动，细化"先锋形象、医疗质量、服务态度、医德医风"等方面的党建载体，以党风促进医德医风的转变，有效提升医院服务的整体水平。

2. 构建长效工作机制，不断提升服务能力。组织开展业务学习和技术培训，做好医务人员的规范化培训，全面提升广大医务工作者的诊疗技术水平，切实满足群众服务需求。

3. 充分发挥党组织引领发展作用。各公立医院要成立党建工作领导小组，领导小组下设党建工作办公室，工作人员不得少于 3 人。党建办具体负责党建的部署、指导、督办、考核等相关工作。要组织开展"党建+医院文化建设""党建+行风建设""党建+志愿服务"等系列活动，各医疗机构要定期选派以党员为主体的医疗团队开展义诊和下乡坐诊，促进优质医疗资源下沉。组织医务人员通过咨询、发放宣传彩页等方式积极宣传健康知识。

五、组织领导

1. 压实党建责任。成立创建"红色引领"品牌领导小组，组建工作专班，每个局班子成员要重点联系 1—2 个基层党组织，落实工作责任，及时掌握工作进展情况，推动工作有序开展。卫生健康部门、各公立医院党组织要加强调研摸底，找准选好优先培育的一批基层党组织，明确创建目标、细化创建任务、制定创建措施，迅速在卫生健康系统各基层党组织中部署开展。

2. 加强指导调度。建立工作进度定期通报和"互看互学互比"常态机制，每年年中，卫健局召开现场推进会议，集中对基层党建品牌打造工作进行实地考察，交流经验、查找不足、优化提升，对于成熟的经验做法予以全县推广。坚持"走出去"与"请进来"相结合，定期组织医院党务工作者外出学习考察，学习借鉴外地先进经验和有效做法，帮助党务工作者拓宽党建视野、打开工作思路。各公立医院党组织要在全国、全省范围内确定对标单位，建立对标清单，拿出具体方案，比有目标、学有行动、赶有措施、创有成果。

3. 严格激励奖惩。把"红色引领"党建品牌打造工作，作为各公立医院党组织书记尤其卫健局党组织书记党建述职评议考核的重要内容，对工作成绩显著的，按照该县基层党建工作手册中书记抓基层党建工作考核细则有关规定予以表扬奖励；对思想不重视、工作不得力的，提出批评，限期整改；对不认真履行职责，存在形式主义和弄虚作假的、造成不良影响和严重后果的，要严肃追究责任。要建立长效机制，对已达标的示范党组织，每年按照一定比例随机抽查，实行动态管理，巩固创新成果。

案例评析：这里选取医院作为服务行业的一个代表性的典型进行党建品牌建设。当然，选取医院作为服务党建品牌的一个案例，也是从医院具有服务企业单位性质进行的考量。该医院以"红色引领"作为党建品牌，具体的实施就是：（一）突出思想引领；（二）强化制度引领；（三）注重示范引领；（四）提升服务引领。从这个党建服务品牌的名称上与党建品牌体系上而言，是相一致的。而且该理论体系重点是以党建作为四个方面的引领，注重了党建与实际业务的融合问题。同时在党建品牌体系中注重先进性作用的发挥。

问题与不足：这个党建品牌体系里面存在理论支撑不足的问题。如强化制度引领，这个制度应该是党建组织建设或教育管理党员的制度，而在具体内容中呈现出了"大力促进医德医风不断转变"，显然，这应该是党建管理制度加强的一个结果，而不是用做一种制度需加强的内容来表达。另外这个体系所存在的另一个较大问题就是落地载体不足，如注重示范引领内容中，主要涉及落地的载体的部分内容，就是通过党组织和党员先进行引领活动，所以必须在这方面内容中进一步丰富落地载体。

案例七：以"五彩党建"为引领的党建品牌管理

一、"五彩党建"产生的背景

"五彩党建"就是将品牌建设的理念和方法植入党建工作，以"五彩党建"为统领，把党建各项工作纳入品牌的大旗下，以充分发挥品牌示范效应，促进党建工作常做常新，凝聚党员群众智慧，激发基层党建工作活力，进一步引领和带动其他工作，真正起到提纲挈领、统揽全局的作用，打造具有竞争力、影响力和带动力的党建品牌。

二、"五彩党建"的内涵及主要做法

以"红色支部、橙色服务、绿色文化、金色队伍、青色廉政"为主要内容的"五彩党建"工作法，其主要是借鉴"红橙绿金青"五种颜色，让色彩缤纷的彩虹般的颜色与严肃的党建工作相结合，让党建工作更有创新力、吸引力和感染力，寓意公司党建工作像彩虹般清新、靓丽和美好。五彩党建的五种颜色各代表公司核心工作的五个方面，红色代表先进，发挥支部的先进性作用；橙色代表温暖，关注经济社会发展和民生保障；绿色代表企业文化，激励凝聚人心；金色代表人才，焕发职工队伍的活力与生机；青色代表廉洁，营造干事干净廉洁氛围。以"五彩党建"坚定信念，凝聚人心，推动发展。

其主要做法是：

（一）突出红色引领，让支部"硬"起来

基层党支部是坚强的战斗堡垒，"红色引领"就是紧紧依托支部，把支部的党建工作与业务工作高度融合，在急难险重任务面前迎难而上、勇担大任，凝聚起攻坚克难的强大合力。

一是在方法理念上发力升级，紧跟"互联网+"的发展趋势，开辟新媒体平台，开设"彩虹春雨润泽桃都"微信公众号，推动"互联网+党建"理念落地见效，拓宽了党建工作新模式。首先是开展支部书记培训，自 2016 年以来，开展专题培训 9 次，提高支部书记政治思想素质和担当履职能力，为干好支部工作夯实基础。设计制作"党务一本通"，把支部的"三会一课"等组织生活都纳入其中，让支部每项工作都有参考，"一本通"成了支部开展工作的"万事通"。

其次是制定党建工作二十四节气表，将工作任务细化到月，明确具体，让支部开展活动有计划、有遵循。二是在提质增效上发力升级，创新实施"四位一体"的档案管理法，全面摸底排查，掌握党员底数，建立起党员档案854份、团员档案47份、中层干部廉政档案99份和职工健康档案1199份，将党员全部纳入教育管理的范围，增强了党员的身份意识和组织归属感。深化理论教育，建立党委中心组学习制度，每月召开党委中心组理论学习，进一步增强政治意识、大局意识、核心意识和看齐意识。将党性教育重心落到支部，编制月度政治理论学习要点，公司上下形成共享思想、共建和谐的生动格局。三是在投入保障上发力升级，实行党员活动阵地化，在每个党支部建立党员活动室和学习室，配备党员学习资料，为党员正常开展活动提供阵地场所。创新开展网格化包保责任制。建立起领导班子"基层单位、站所、班组、电网建设项目和全市重点项目"以及联系党支部和入党积极分子"5+2"的责任包保体系，领导班子成员围绕所包保单位具体工作，逐人、逐项、逐事明确工作任务，实现网格全覆盖、工作零缝隙，同时组织开展调研，倾听职工心声，回应职工关切，切实为职工办实事、办好事。2016年以来，领导班子成员围绕所包保单位具体工作，累计解决基层困难236项。四是在检查考核上发力升级，抓好督促落实，创新考核办法，对支部开展对标考核，实行积分管理。对支部的"三会一课"、参加活动、支部创新成果等10项工作任务赋予分值，每月打分排名，年底汇总、排出名次，作为评先树优的重要依据，实施支部对标考核，激发起支部干好工作的内动力，引导支部把功夫下在平时，改变了过去为了迎接年底检查而突击整理资料的做法，先进的支部更注重巩固先进做法，后进的支部也在动脑子想办法寻求突破，形成了比学赶超的浓厚氛围。

（二）开展橙色服务，让党员"动"起来

电力职工的工作服是橙色的，在城市乡村的大街小巷，都能看到流动的"橙色身影"。"橙色服务"就是把服务型党组织的建设理念与"你用电、我用心"的服务理念结合起来，以主动用心的服务保障企业安全用电，以亲情便民的服务保障人民群众舒心用电。

一是设立民生项目，保障经济发展和民生需求。构建"生产性"大格局，全力以赴服务全市重点招商项目和重大建设工程，开辟供电服务"快捷通道"，实行"一站式受理"和"一条龙服务"，主动上门对接电力需求，面对面征求用电建议，解决用电问题。创新建立"客户经理"服务模式，建立客户经理与用电客户"一对一"服务模式，保障企业生产经营用电无忧。近年来，党员服务队累计出现场1万余次，解决问题8000多个。二是开展"彩虹工程"，落实精准扶贫。公司坚持优质服务是企业的生命线，实施"彩虹服务提升"工程，创新服务举措，规范服务行为。开展"桃都大走访"主题活动，组织队员逐户登门走访26万户居民，填写《居民家庭用电负荷安全诊断情况调查表》，排查用电隐患。深化党员责任区、党员先锋岗和党员服务队等实践活动，只要老百姓有需要，轻松拨打"一个电话"，"一抹橙"第一时间到达现场。落实精准扶贫，建立结对帮扶，公司领导与边院镇13户特困户结成帮扶对子，进行一对一救助帮扶。先后向边院镇西李村、老城镇月庄村派驻第一书记，进行电力对口支援，开展"井井通电"工程，改造升级农田灌溉机井用电设施，2016以来，公司总投资达9874万元，新增通电机井229口，受益农田面积达26730亩。三是开展志愿服务，弘扬公益大爱。组建共产党员"彩虹服务队"，建立志愿服务桃都项目，设立爱心帮扶台账，开展"善小·乡村行""学雷锋·作表率""电力彩虹公益行"等活动，近年来，彩虹服务队在助残、助学、扶贫、救灾、济困等领域开展公益爱心活动5000余次，2015年以来捐助党员关爱基金6.8万元，向市慈善总会捐助13.2万元，点亮了奉献社会的责任之光。

（三）打造绿色"桃"文化，让企业之魂"聚"起来

植根于齐鲁大地的深厚土壤，坚持地域文化与行业文化互融互通，结合肥城枝繁叶茂的桃树，以绿色为"基色"，以文化人，以实际行动践行"努力超越、追求卓越"的电力精神。

一是突出地域特色，助推企业文化落地。突出"肥城—中国桃都"的地域特色，倾心打造"桃文化"特色实践。把根、干、枝、叶等桃树的各个部分巧妙嫁接到公司具体工作中，以安全生产为"根基"，以电网建设为"树干"，以优质服务为"繁花"，抓管理、搞服务、带队伍，构建起挺拔参天的"桃文化树"，极大地激发了公司员工的共鸣感和自豪感。二是营造环境，浓厚氛围，凝聚发展合力。公司党委以企业文化为统领，认真做好落地传播和环境营造，充分利用办公区楼梯和墙壁等空间，张贴企业文化宣传标语和图册，使企业文化深入人心，提高职工对企业文化的认知率和认同感，实现员工对企业文化的深层接纳。建成以"五统一"为核心的企业文化综合展厅，不断完善和丰富展厅内容，使之成为对外展示形象的窗口、对内开展教育的阵地。开展"文化进基层"活动，在车间、班组建立文化角，增强内化于心、外化于行的自觉性。三是涵养职工道德修养。以培育道德员工、建设道德企业为目标，举办"道德讲堂"，评选"个人品德、职业道德、家庭美德和社会公德"典型人物，设立"四德"榜，弘扬时代新风尚。举办"弘扬好家风、传承好家训"主题活动，征集家风家训，有力地彰显了"仁义礼智信"的传统文化，打造了浓厚的"遵守礼仪不逾矩，传承文明好家风"的氛围。

（四）培养金色人才，让企业竞争力"强"起来

人才队伍是企业发展的基石，"金色人才"就是把岗位作为职工成长成才的舞台，增强职工的使命感、认同感和归属感，调动起团队的向心力和凝聚力，提升团队创新创效的能力。

一是强化队伍建设，增强恒动力。大力实施党员先锋攀登工程，

开展"三亮三比"主题活动，引导党员干部亮身份、亮职责、亮承诺，比作风、比技能、比业绩，锤炼过硬作风，提升能力素质。深入推进全员教育培训，强化岗位能力和专业素质培训，实现人才的"孵化"作用，一批优秀同志脱颖而出。二是深化创新创效，提升企业竞争力。开设"领航点睛"管理人员大讲堂，讲授电网建设、党建思想、营销服务等核心业务，提升思想境界和专业能力，努力建设一支政治素质好、业务技术好、团结协作好、作风形象好的党员干部队伍。坚持党建带团建，实施"筑梦工程"，提升青工的创新力，创新创效成果斐然，"朝阳行动"入选省公司青创赛典型经验。三是加强典型选树，提高队伍引领力。深化典型培树，举办"践行卓越争先 争当发展先锋"劳动模范事迹报告会，引导员工在耳濡目染、潜移默化中受到熏陶，得到提升。以弘扬工匠的"创新作为、精益求精"的精神为引领，组织评选"金牌工匠"，激励职工练就真本领，争当卓越先锋，"金牌工匠"的精神在基层得以深深扎根。

（五）推行青色廉政，让廉洁防线"筑"起来

"讲纪律、守规矩"是全面从严治党形势下党员干部必备的基本政治素质，"青色廉政"就是通过示范、教育等多种方式，引导和督促党员干部既干事、又干净，保持党组织的纯洁性和党员的先进性。

一是突出预防为主，始终绷紧廉政弦。通过签订党风廉政建设责任制"1+3"责任书，组织开展重点业务领域风险隐患排查治理，排查风险点，建立企家"廉"系制度，组织干部职工与家属共同铸清廉品质、晒廉洁寄语，建立起支部、家庭、个人"三位一体"廉洁教育体系。二是强化党员廉政教育，提升反腐倡廉免疫力。开展"守纪律、讲规矩、知敬畏、明底线"专题教育活动，以制度作为"硬约束"，用纪律规范党员的行为；建立不合格党员警示台账，进行批评教育，限期改正，对达到不合格党员界限的行为，严肃问责处理。组织党员干部到职务犯罪关押地开展现场教育和警示教育，以案

说法，引导党员干部以身作则，做模范守法、遵守纪律的合格党员。三是注重管理监督和行风建设，围绕优质服务和行风建设工作，开展明察暗访，强化内部监督，将廉洁从业要求作为日常工作行为准则，促进供电服务质量提升，营造了风清气正、干事干净的良好氛围。

三、"五彩党建"实施后产生的效果

（一）公司"五彩党建"的品牌效应初步显现。"五彩党建"使党建工作与公司中心工作发生"化学反应"，更全面地挖掘了党建工作的内涵，党组织开展工作的方式更加灵活，改变了过去党建工作浮于表面、与业务联系不够紧密的现象，弥补了党建工作缺乏深度、力度和结合度的缺陷，彰显了党建工作凝聚人心、引领公司发展的作用。

（二）公司各基层党支部和党员比学赶超的氛围更加浓厚。基层党建不能只由党组织唱独角戏，"五彩党建"探索出"党建带动，团结协作，积极服务"的工作模式，跳出了"就党建抓党建"的局限，紧紧围绕公司支部建设、优质服务、文化建设、队伍建设和廉政建设等方面，有效整合资源，既要求发挥党员的先锋模范作用，又发挥党组织的感召力和凝聚力，形成党建合力，营造了基层党支部和广大党员"争创有目标，前进有动力，干事有激情"的浓厚氛围，党建工作走在了全市国有企业的前列。

（三）党建工作实效得到进一步提升。"五彩党建"积极探索高效便民的服务方法，服务功能上更加精细和精准，整合基层党组织服务资源，改进服务手段，提升服务功能，服务形式上更加多元化，融通电力保障、公益志愿和帮扶互助为一体，为广大城乡居民用电客户提供全方位、多层次、综合性的服务，切实将党建工作成效体现在为民服务的成果上来。

案例评析：国网山东省电力公司肥城市供电公司的"五彩党建"

品牌是一个成功的党建品牌，无论标识名称设计及具体的党建体系构建，相对都是成功的。

关于"五彩党建"的内涵，它以"红色支部、橙色服务、绿色文化、金色队伍、青色廉政"为基本理念，同时赋予了五种颜色各代表公司核心工作的五个方面，红色代表先进，发挥支部的先进性作用；橙色代表温暖，关注经济社会发展和民生保障；绿色代表企业文化，激励凝聚人心；金色代表人才，焕发职工队伍的活力与生机；青色代表廉洁，营造干事干净廉洁氛围。以"五彩党建"坚定信念，凝聚人心，推动发展。

对于每个颜色及代表的党建内容的构建方面也是相对成功的，尤其是实践落地方面。（一）突出红色引领，让支部"硬"起来：一是在方法理念上发力升级，紧跟"互联网+"的发展趋势，开辟新媒体平台，开设"彩虹春雨润泽桃都"微信公众号，推动"互联网+党建"理念落地见效，拓宽了党建工作新模式。二是在提质增效上发力升级，创新实施"四位一体"的档案管理法，全面摸底排查，掌握党员底数，建立起党员档案。三是在投入保障上发力升级，实行党员活动阵地化，在每个党支部建立党员活动室和学习室，配备党员学习资料，为党员正常开展活动提供阵地场所。（二）开展橙色服务，让党员"动"起来：一是设立民生项目，保障经济发展和民生需求。二是开展"彩虹工程"，落实精准扶贫。三是开展志愿服务，弘扬公益大爱。（三）打造绿色"桃"文化，让企业之魂"聚"起来：一是突出地域特色，助推企业文化落地。二是营造环境，浓厚氛围，凝聚发展合力。三是涵养职工道德修养。（四）培养金色人才，让企业竞争力"强"起来：一是强化队伍建设，增强恒动力。二是深化创新创效，提升企业竞争力。三是加强典型选树，提高队伍引领力。（五）推行青色廉政，让廉洁防线"筑"起来：一是突出预防为主，始终绷紧廉政弦。二是强化党员廉政教育，提升反腐倡廉免疫力。三是注重管理监督和行风建设，围绕优质服务和行风建设工作。

但是这个党建品牌建设还要明确这样几个问题：一是这个"五彩党建"品牌是党委层面的，必须包括所有党支部的品牌建设内容。二是这个党建品牌体系中，最好要明确这个品牌的主旨目的，直接在体系中有所体现。三是这个党建品牌体系中实践做法体现出来了，但是缺乏一些基本的理论支撑，一个完整的党建品牌体系还需要理论层面的因素体现在党建品牌的架构体系中。

第三节　建设企业党建品牌案例

案例一：发挥"三个优势"落实"三保"任务以高质量党建推动企业实现高质量发展

2020 年以来，面对统筹疫情防控常态化和经济社会发展的双重任务，以习近平同志为核心的党中央运筹帷幄，举旗定向，迅速作出"六稳""六保"重大决策部署，为应对变局、开拓新局定下了基调、指明了方向。中国通号（即中国铁路通信信号集团有限公司）党委坚决贯彻习近平总书记系列重要讲话和指示批示精神，深入落实国资委党委"三稳四保一加强"工作部署，强化政治担当，发挥领导作用，充分发挥基层党组织战斗堡垒作用和党员先锋模范作用，不断把党的政治优势、组织优势和群众优势转化为强大工作优势，为落实中国通号"保疫情防控零感染、保生产经营促发展、保质量安全促稳定"目标任务，实现疫情防控和企业改革发展"双胜利"筑牢坚强堡垒和屏障。

发挥政治优势，党的领导为夺取"双胜利"凝心聚力

疫情就是命令，防控就是责任。中国通号党委第一时间深入学习贯彻习近平总书记系列重要讲话和指示批示精神，要求各级领导干部把疫情防控作为当前首要政治任务，守土有责、守土担责、守土尽责，以对职工群众生命安全和身体健康高度负责的态度，全力以赴抓好疫情防控工作。一是压实政治责任，迅速成立由党委书记、董事长，党委副书记、总裁任组长的疫情防控工作领导小组，专题研究防控措施，启动应急响应机制，落实带班值班制度，向所属企业紧急拨款1000万元购置口罩、消毒液等物资，要求全体干部职工种好"责任田"、干好"分内事"，严格落实防控措施、遵守防疫规定，全系统遍布全国的400余个项目工点（含湖北地区15个）、2万余名干部职工实现"零感染"。二是强化政治担当，坚持疫情防控全国一盘棋，通过国务院国资委专门账号向湖北省捐赠3000万元，响应党中央号召，广大党员踊跃捐款185余万元，团员青年为抗击疫情自愿捐款24万余元，凝聚战胜疫情的合力。三是狠抓工作落实，面对突如其来的疫情，中国通号研究设计院集团研发团队党员结合专业特长，自主研发红外体温筛查系统，迅速部署于产业园区、地铁车站和写字楼等场所，助力疫情防控。中国通号轨道交通研发中心（北京）位于北京丰台科技园区，距离北京新发地直线距离仅约4公里，入驻中国通号在京企业9家，职工总数超过3000人。面对北京新发地突发疫情形势，中国通号党委扎实按照国资委党委和北京市要求，强化政治担当，紧急动员部署，同时进一步严格园区出入管控，主动联系权威检测机构对3753名在京全体职工开展核酸检测，切实维护职工生命安全和身体健康，疫情防控"零感染"成果在严峻考验中得到持续巩固。

两手都要抓，两手都要硬。中国通号党委印发《关于切实加强党的领导为打赢疫情防控阻击战提供坚强政治保证的通知》，号召各级党组织和广大党员干部迎难而上、奋力攻坚，一手抓防控、一手抓发展，用担当作为检验"不忘初心、牢记使命"主题教育成果，以实际行动确保实现全年改革发展目标任务。一是抓科技创新，确保铁路运营安全。主动对接国家重大战略和未来科技发展趋势，加快关键核心技术攻关，组织开展 2 批 19 个关键核心技术攻关布局，加快推动互联互通地铁自动无人驾驶 CBTC 系统上道应用，加快新一代列车调度指挥系统、铁路工电维护智能诊断系统研究，以自主创新技术支撑企业高质量发展。二是抓市场经营，夯实企业发展根基。组织召开全系统市场经营视频工作会议，转变经营工作思路、创新经营管理模式，在危机中育新机、于变局中开新局，以设计研发、装备制造、工程服务"三位一体"优势持续深化巩固行业领先地位，大力拓展国内国际市场，成功中标中缅铁路国内段、鲁南高铁二期、赣深高铁广东段、张吉怀高铁、黄黄高铁等重大高铁项目，上半年经营指标与去年同期基本持平，为企业高质量发展奠定坚实基础。三是抓安全质量，助力重点工程建设。深入开展安全生产专项整治三年行动，扎实推动 3300 公里高铁和 42 条地铁建设任务，保安全、保质量、保进度，有序推进欧洲匈塞铁路、印尼雅万高铁、泰国复线铁路建设，以通号科技打造中国高铁"国际名片"。

发挥组织优势，基层党组织和广大党员为夺取"双胜利"担当作为

党有号召，我有行动。中国通号全系统 499 个基层党支部、64 个党员突击队、7000 余党员奋战高铁建设第一线、战斗在城市轨道交通建设最前沿，站好每一班岗、守好每一道关，认真细致做好带岗值班、物资分发、测温筛查、巡查消毒等服务保障工作，坚决阻断病毒传播，构筑起抗击疫情的"红色堡垒"。广大党员牢记初心使命，始终在最需要的冲锋，在最危险的地方坚守。我是党员，我引领！中国通号控股合资企业卡斯柯公司紧盯轨道交通控制系统前沿科技，注重在基础性、前瞻性、引领性技术研究中充分发挥党员的先锋模范作用。党员技术总监汪小勇团结带领 6 名"80 后"青年党员和平均年龄 34 岁的 20 人技术团队，克服疫情影响，于 6 月 28 日在上海地铁

3、4号线，成功完成全国首例基于车车通信的多车无人驾驶现场试验，将国内城轨车车通信控制系统从"实验室阶段"推向"现场应用阶段"，领跑业界，为新基建大潮下更加"安全、便捷、高效、绿色、经济"的智慧城轨建设提供了最新的技术选择，将有力支撑交通强国建设。我是党员，我坚守！中国通号匈塞铁路项目部党员坚持疫情防控和生产经营"两手抓""两不误"，充分依托在塞尔维亚建立的首个国外ETCS-2列控系统实验室，科学统筹推进，确保项目进度，赢得塞尔维亚总统武契奇充分肯定。疫情发生后，中国通号匈塞铁路、肯尼亚内马铁路、印尼雅万高铁等15个境外项目和分支机构党员克服重重困难，疫情防控各项措施持续巩固，生产经营各项工作有序开展。我是党员，我先上！承担国家重点高铁客专建设任务的中国通号上海工程局集团成立党员突击队，高质量完成各项重点工程的节点目标，实现通沪铁路按期联调联试，上海18号线列车上线热滑，米攀铁路如期开通。我是党员，我争先！中国通号建设集团华中区域指挥部党员李敏辉义无反顾，勇当"逆行者"，主动申请加入北京蓝天救援队，到中华慈善总会联合湖北省慈善总会设立疫情防控捐赠物资联合应急仓库开展应急物资分发工作，充分展现出央企党员的责任担当和新时代共产党员的本色和崇高境界。

党旗飘扬，先锋带头。中国通号各级党组织广泛组织开展"亮身份、践承诺、比奉献""我是党员我优秀"等实践活动，让党旗在实验室、生产车间、工程建设等基层一线高高飘扬，基层党支部通过设置党员先锋岗、划分党员责任区、组建突击队，用"红色引擎"引领广大党员战斗在疫情防控和生产经营各条战线上，广大党员示范带头为决战决胜全年工作任务目标注入强劲动力。中国通号研究设计院集团安控第二党支部作为"中央企业基层示范党支部"的优秀代表，创新开展"党建+创新"模式，成立党员突击队，签订责任承诺书，以党建促研发。中国通号城交公司项目党支部承担着全自动地铁无人驾驶 FAO 系统互联互通测试任务，推行创岗建区将测试任务分解到人、责任到岗，在 15 名党员的接续奋战下，装备中国通号自主研发的 FAO 系统全自动运行天津试验线在第四届世界智能大会上完美展出，受到业内广泛关注。为保证阿富准铁路建设项目顺利实施，把疫情对工程进度的影响降到最低，通号工程局项目部支委班子开展分工包保，党支部书记负责为员工和劳务工办理健康证，组织委员与铁路部门协调专列，宣传委员提前做好防控物资、生活物资的储备，为参建人员返岗复工做好充分准备。

发挥群团优势，群团组织和干部职工为夺取"双胜利"奋勇争先

围绕中心，服务大局。在重大疫情面前，中国通号广大干部职工坚决顾全大局，服从安排，一切行动听指挥，积极落实防控措施要求，主动配合防控工作，共同铸就了疫情联防联控、群防群控的"铜墙铁壁"。新发地疫情发生以来，中国通号干部职工坚决落实国资委党委、北京市和丰台区工作部署，迅速组织在京企业严密排查密切接触人员，206 名员工严格落实居家隔离政策，为助力北京疫情防控做出积极贡献。中国通号工会围绕中心、服务大局，印发《关于积极开展"抗疫情、保增长"主题劳动竞赛的通知》，扎实开展"走基层、解难题、抓落实"活动，积极协调解决疫情防控物资短缺问题，发动全体干部职工增强责任感、使命感、紧迫感，进一步发挥工作积极性、主动性、创造性，爱岗敬业做奉献、攻坚克难当先锋，助力通沪、连徐、福平、赣深、中兰等高铁项目建设，加快北京、上海、广州、西安等地铁项目建设，以一流精品工程助力"交通强国"建设，用实际行动助力夺取疫情防控和经济发展"双胜利"。

党有号召、团有行动。中国通号各级团组织积极动员开展志愿服务，1758 名团员青年主动请缨战斗在疫情防控第一线。自 2 月 5 日以来，中国通号轨道交通研发中心园区志愿服务队 68 名团员青年坚守岗位，积极配合管理部门在园区 13 个出入口开展测温值守，用爱心诠释了团员青年的爱国爱企情怀，用青年担当将病毒坚决阻隔在园区外。广大团员青年带头贯彻上级党委的部署要求，充分展现了党的助手和后备军的担当，青年生力军和突击队的作为，在疫情防控一线、生产经营一线、科技攻关一线挺身而出、冲锋在前，挥洒汗水、绽放青春，为夺取"双胜利"奉献青春力量。

党建强则企业强，党建兴则企业兴。中国通号党委将持续深入贯彻落实习近平总书记关于统筹推进疫情防控常态化和经济社会发展的系列重要讲话和指示批示精神，充分发挥政治优势、组织优势和群团优势，积极落实"保疫情防控零感染、保生产经营促发展、保质量安全促稳定"目标任务，充分发挥各级党组织的战斗堡垒作用和共产党员的先锋模范作用，坚决打赢疫情防控和生产经营"两场硬仗"，坚决实现疫情防控和企业改革发展"双胜利"，以担当作为的实际成绩推动企业实现高质量发展。

案例评析：在这则案例中，虽然党建品牌的架构并不明显，但是其中具有一些党建品牌的基本架构。这里也做一些简单的点评。这则案例通过发挥"三个优势"来实现党组织的引领作用。发挥政治优势，党的领导为夺取"双胜利"凝心聚力；发挥组织优势，基层党组织和广大党员为夺取"双胜利"担当作为；发挥群团优势，群团组织和干部职工为夺取"双胜利"奋勇争先。这里的三个优势都明显是党组织的引领作用，通过党组织的引领来实现与建设的融合。

案例二："树"品牌"亮"品牌"强"品牌

日前，白鹤滩水电站高低线拌和系统单日混凝土生产方量10214.5 立方米再创新高，点赞不断刷屏。这是公司白鹤滩机电大队的"攻艰创新创效"党支部打造刀锋、砍倒艰难险阻，在阳光下闪现出夺目光彩的一瞬。这也是公司党建支部品牌建设如火如荼、蓬勃开展的一个特色场景。

公司党委始终坚持以习近平总书记在国企党建会议上的讲话精神为指引，认真贯彻落实十九大精神，做到"四个坚持"，牢固树立"围绕发展抓党建，抓好党建促发展"的理念，筑牢国有企业的"根"和"魂"；充分发挥"把方向、管大局、保落实"的领导作用，党建工作应势应变、求进求新。如今，以创建特色支部品牌为目标，坚持服务生产经营中心任务不偏离，积极打造"一支部一特色一品牌"的"特色党建品牌活动"，从而激发党建新活力，把党建的独特优势转化成为推动企业改革发展的竞争优势。

"树"品牌，突特色，强组织力

党的十九大报告指出，要以提升组织力为重点，突出政治功能，把基层党组织建设成为宣传党的主张、贯彻党的决定、领导基层治理、团结动员群众、推动改革发展的坚强战斗堡垒。开展"一个支部一个品牌"建设，旨在推进基层党支部立足岗位职能，提升组织力，精心塑造党建与生产经营工作融合的载体，把基层党组织建设得更加坚强有力。

公司党委结合党建质量提升年开展夯实党建基础向基层延伸以来，各二级单位结合各自实际积极探索不同的落实方案与措施，精心选取、树立和培育党支部品牌。

党支部是党的基础组织，是党组织开展工作的基本单元，是党在企业基层组织中的战斗堡垒，是党的全部工作和战斗力的基础。加强党支部标准化建设，打造党支部品牌，是推动党建质量提升向基层延伸的有效举措，是加强基层党组织建设的现实需要，更是促进企业高质量发展的重要途径。

"树"品牌，将品牌支部建设与中心任务紧密融合。在水电四局不同领域党支部结合实际，根据承担各自不同的重点任务，确定契合点、突出品牌特色，强化组织力。本次活动采取自下而上，基层根据各自特点选树，党委加强指导。党支部在确立品牌时，有的以市场营销成果为重点，有的以攻坚克难为着力点，有的以科技创新为载体，有的以降本增效、服务质量为突破口，逐步推进，不断规范，创出有代表性特色。如北方公司以"五大工程"（即强基工程、先锋工程、廉洁工程、聚力工程、活力工程）党建品牌建设为基点。酒泉新能源公司党总支牵头、党员为骨干的朱锴年创新工作室，自成立以来先后取得近 50 项专利技术，两项成果荣获国家发明专利，工作室 2017 年被青海省总工会命名为"青海省劳模（职工）创新工作室"，科技创新成为该党支部品牌。二分局沧州沧海文化产业园项目部党支部创建的"共学共建"党建品牌，围绕 PPP 项目建设、管理能力提升两大任务，通过以学促建方式推动项目建设；山东沂蒙项目部党支部创建的"技术攻关"党建品牌围绕岩壁吊车梁施工进行大胆创新，提出利用样架进行钻孔作业，配合厂房岩壁梁合理分层、分区装药方式给项目创造了巨大的效益；阿尔塔什项目部党支部创建"绿色环保"党建品牌，围绕隧洞施工硫化氢有毒气体严重超标问题，成立"洞内有害气体治理"攻关小组，制定和落实多项措施，使得项目部防尘、防有害气体工作取得显著成效；罗闸河项目部党支部创建的"双保先锋"党建品牌，建立以党员、干部为骨干的先锋小组，在统一思想认识、凝聚攻坚合力的同时，加大提速、提质、提效的措施部署，成功实现"一年两投"及主坝全线封顶建设目标，得到参建各方的一致好评。在艰苦、偏远施工现场，勘测设计院建有温度的党支部。

各单位在选树的同时，切实加强党支部自身建设。对选树的品牌支部，有计划进行打造，在各级党委的指导下及时总结好的经验、好的做法，集中进行宣传报道，打造品牌党支部的组织力、影响力。

"亮"品牌，激活力，提战斗力

"亮"品牌，典型示范，提升党支部的战斗力。第一分局探索将提高市场营销额作为党建主导生产经营的重点立项项目，坚持打造"自立自强"党支部，树立"全员营销"理念，在区域和专业市场上"深挖洞"，在承揽份额和营销质量上"广积粮"，巩固了青海、西藏、南部、东部四大网络体系。2018 年，分局自主市场营销额达16.51 亿元，完成公司核定指标的 117.83%；新签合同额 23.91 亿元，完成公司核定指标的 140.67%，市场营销额再创新高。西宁市北川河项目党支部立足创效，通过"方案变更优化"，减亏为盈约1200 多万元。北川河项目党支部在保留安全生产"四个责任体系"的基础上，建立了以党支部书记为责任人的"五个责任体系"即"五责任"党支部，深入落实安全生产责任，获"全国青年安全生产示范岗"称号。银川市地下综合管廊项目党支部通过"设计植入"方式，实现减亏扭亏 1613 万元。以党员引领树旗帜、建攻坚创效党支部。白鹤滩水电站有目前国内规模最大的混凝土生产系统，为满足白鹤滩大坝 810 万立方米混凝土的生产任务，白鹤滩打造"攻坚创效"党支部。2018 年，白鹤滩机电大队的"攻坚创效"党支部在确保大坝浇筑设备正常运行的同时，共修复 80 多吨废旧材料，并在生产中得到二次利用，提高材料的利用率，对于不能再次利用的物品及时做好退库工作，防止物资流失。白鹤滩施工局拌和厂党支部为创建大坝混凝土生产党员先锋号，坚持落实"传、帮、带""比、赶、超"的措施，有效拓展集体智慧与个人才智，充分调动员工的主观能动性。各党支部密切配合，白鹤滩水电站高低线拌和系统单日混凝土生产方量 10214.5 立方米再创新高。

"强"品牌，重示范，增引领力

"强"品牌，将品牌支部建设建立在党支部规范建设之上。品牌支部融于"创先争优"总体要求之中。建品牌党支部，激发党建新活力，而引领就是一面旗帜。阿尔塔什水利枢纽为大型工程，是国家兴建的 172 座重大水利工程项目之一，被业内专家称为新疆的"三峡工程"。工程建成后可有效调控山区洪水，改善叶尔羌河流域灌区灌溉条件，为水资源的合理配置提供基础条件，对促进南疆少数民族地区经济社会的可持续发展，提高和改善当地群众生产生活水平，维护边疆社会稳定具有十分重要的作用。施工过程中，项目部遇到了发电洞突水突泥、涌水、硫化氢有毒有害气体超标、大小超百次的塌方等难题，为克服种种施工"拦路虎"，实现履约目标，项目部党支部以实际行动创建和打造"绿色环保"党建品牌。项目部党支部以创新为突破口，积极作为，主动进行探索创新，一项水利行业"自行式栈桥式全圆钢模台车全断面混凝土衬砌工法"；三项国家实用新型专利证书：即"一种自行通车栈桥式全圆钢模台车""一种钢筋冷挤压连接套筒结构""一种发电洞钢模台车堵头模板安装加固结构"；两项实用新型专利："长短管堵头模板封堵加固结构"结合工程实际，自主研发了履带自行栈桥式全圆钢模台车为全国首创使用。项目部首创在钢模台车尾部安装炮雾机进行混凝土养护，兼有降尘化烟、节能减排之功效，项目部利用创新的施工技术在混凝土浇筑、振捣、养护等环节的标准化作业有效的推动了工程进度。

习近平总书记强调，"伟大的事业必须有坚强的党来领导"。水电四局那棱格勒河项目部党支部以党性为导航仪，科学组织、合理安排，确保"工期、安全、质量、效益、信誉"五大目标的实现，竭力打造精品优质工程。围绕安全创优开展党建主题活动，成立了"安全生产先锋队"，并向全体党员发出了"确保安全、质量创优"的倡议，喊响了"我是党员我带头、严细管理保安全、精心施工保质量、立足岗位当先锋"的口号。活动中，要求项目部员工做到"三无"，即施工区内无违章违纪行为、无安全质量事故、无不文明施工行为。自 2018 年 10 月 25 日开工，在严冬两个月内项目部进行了引水发电洞出口、溢洪道出水渠、泄洪洞出口、联合进水塔 W4—1 危岩体的清理及临时道路的修建工程，累计完成产值 858.32 万元，实现了安全、质量、进度、效益的全面协调发展。

明珠物业西宁分公司党支部打造为"暖心"党支部品牌。党支部始终坚持关心关爱困难员工，特别是对离退休人员的困难帮扶工作，彰显以人为本理念。为掌握第一手资料，让最困难的家庭得到帮扶，支部成员不辞辛苦，深入基层，逐家入户了解调查困难家庭真实情况，及时对他们进行帮扶救助工作。2018 年支部成员探望慰问困难员工 17 人次；开展了对康乐、乐家湾小区困难孤寡老人"献爱心"义务帮扶活动；探望慰问重病住院退休职工 7 人，探望慰问重病及特困户 10 户，慰问"三老一属"和困难党员 50 人；为西宁地区 338 名离退休职工发放了困难补助金；办理养老金认证 4562 人，并为行动不便的离退休人员办理上门认证 23 人。协助离退休职工家庭办理丧事 59 件。

"一个支部一座堡垒，一名党员一面旗帜"，这句话在水电四局勘测设计研究院西藏区域党支部和支部的党员们身上得到了更为生动的诠释。攻坚克难是这个党支部的突出特色。西藏片区党支部充分利用信息化手段，在党支部的带领下，不管条件有多艰苦，分布在西藏高原各个项目的党员们都以缺氧不缺精神的工作态度和饱满的工作热情全身心的投入到工作中，他们秉承着科学管理、技术先进、认真负责、服务周到、业主满意的质量方针，在质量管理上狠下功夫，技术上积极进取、精益求精，切实把支部建成了团结和带领全体员工攻坚克难的坚强堡垒，全体党员也在支部的带领下立足岗位勤奋敬业，出色的完成了加查水电站、墨脱亚让水电站、藏木水电站和索朗沟嘎堆水电站测量中心以及林拉公路测量和试验等各项工作任务。勘测设计院党委"支部建在网上、党员连在线上"的工作理念得到了进一步的落实，为破解设计院党员分散、支部活动开展困难的工作难题做出了有益尝试。

白鹤滩施工局有 117 名党员，属于在建项目中党员同志数量较多的基层党组织。依托施工局层级建设，施工局党工委下设 7 个党支部，摸索出一套"支部建在项目，党旗飘在工地"的管理模式，做到党的引领工作全覆盖。白鹤滩施工局机电大队党支部以"创新"作为支部品牌之一，结合现场施工重难点，通过小创造、小发明发挥党建融合生产作用。机电大队党支部负责人王杰谈到，以前，支部功能较弱，通常以学习、传达相关精神为主。近几年，白鹤滩施工局多次要求和强调所有支部都要与生产经营融合，机电大队党支部结合大队特点，树立创新党支部的旗帜。"创新党支部"品牌建设以来，机电大队党支部结合工程实际研究出"坝后扩大基础冷却回水自动抽水""仓内设备加装备用油箱""高程 654 米马道冷却水回水增压""车辆加装防盗油箱盖"等已在大坝发挥实效的立项活动，成为节能减排、创优创效的实际参与者。

"一支部一特色一品牌"创建活动为水电四局各单位党建工作和生产经营工作找到了结合点，同时也增强了各基层党组织的活力，党员干部队伍素质得到明显提高。水电四局党委坚持以品牌支部建设为抓手，不断打造支部建设新品牌，推进党建工作与生产经营深度融合，助推企业改革发展进程，促进企业高质量发展行稳致远。

工程建设如火如荼、经济效益硕果累累、员工幸福指数节节攀升……在员工生活水平提高和企业快速发展的奋斗征程中，总有一面旗帜指引着方向，鼓舞着士气，这就是飘扬的党旗。

案例评析：这是一则来自于新闻报道的党建品牌建设新闻，主要是希望通过这样的一个企业的做法，给予其他企业一定的借鉴。下面根据"树"品牌这一问题对其品牌建设进行简单的点评，该支部品牌建设与中心任务紧密融合。在水电四局不同领域党支部结合实际，根据承担各自不同的重点任务，确定契合点、突出品牌特色，强化组织力。其中北方公司以"五大工程"即强基工程、先锋工程、廉洁工程、聚力工程、活力工程党建品牌建设为基点。二分局沧州沧海文化产业园项目部党支部创建的"共学共建"党建品牌，围绕 PPP 项目建设、管理能力提升两大任务，通过以学促建方式推动项目建设；山东沂蒙项目部党支部创建的"技术攻关"党建品牌进行创新；罗闸河项目部党支部创建的"双保先锋"党建品牌，建立以党员、干部为骨干的先锋小组，在统一思想认识、凝聚攻坚合力方面下功夫。由此可见，该公司各个党支部进行了各项品牌建设，对于工程施工具有重要作用。但作为公司层面来讲，要从整体上构建党建体系，用以解决整个公司的党建品牌落地问题。

第四节　能源企业党建品牌案例

案例一："红色领航、四心融合"企业党建模式探索——红色领航党建品牌

国企是党的执政基础，"红色"是国企发展的鲜明底色。国有企业党委发挥领导作用，归结到一点，就是把方向、管大局、保落实，这是党对国有企业党组织职能的根本定位，并明确写入了十九大党章，为国有企业坚持党的领导、加强党的建设提供了根本遵循。

回顾企业改革发展历程，我们深切体会到，党建工作做实了就是生产力，做强了就是竞争力，做细了就是凝聚力，做强做优做大国有企业，离不开党的建设这个法宝。长期以来，在企业跨越发展过程中，我们积极传承红色基因，坚持从延安精神中汲取营养和力量，探索出了以"红色领航、四心融合"为主题的"红·心"党建模式，收到了较好效果。

一、高举"红色旗帜"，强化核心把方向

高举"红色旗帜"，就是传承红色基因，坚持党的领导不动摇。

近年来，我们通过"四个明确"，不断强化集团党委的政治核心和领导核心，为企业发展把好方向。

1. 明确国企政治属性。充分认识国企政治属性，自觉在思想上政治上行动上同以习近平同志为核心的党中央保持高度一致，坚决贯彻党的理论和路线方针政策，引领企业始终保持改革发展的正确方向，确保国企姓党。

2. 明确党委依法进入法人治理结构。近年来，我们始终坚持党政"双向进入、交叉任职"，集团党委班子9名成员，有4人进入董事会，2人进入监事会，3人进入经营管理层，把党的领导内嵌到公司治理结构中。通过党委班子成员与法人治理结构成员交叉任职，由进入董事会、监事会、经理班子的党委班子成员通过多种方式分别反映集团党委的意见和建议，并把法人治理结构的决策结果及时反馈给党委，从组织、制度和机制上使企业党组织参与重大决策得到了保证。

3. 明确党组织在公司法人治理结构中的法定地位。集中完成集团及下属公司章程修改，把党建工作要求写入公司章程，使党组织的法定地位更加明确，与其他治理主体之间的权责边界也更加清晰，形成了协调运转、有效制衡的治理机制。

4. 明确党组织参与决策的程序。参与重大问题决策，是企业党组织发挥政治核心作用的基本途径，如果党组织在事关企业的重大问题上没有声音，就根本谈不上什么核心作用。近年来，我们通过完善党委会议事规则、修订"三重一大"决策办法等措施，明确党组织研究讨论是董事会、经理层决策重大问题的前置程序，细化党委参与重大问题决策的内容和程序，把党组织参与企业重大问题决策贯穿于决策、执行、监督的全过程，既不缺位，也不越位，充分发挥了党委的把关定向作用。

二、打造"红色引擎"，围绕中心管大局

近年来，我们坚持"四个融入"，让党建工作成为推进国企改革的"红色引擎"，实现党建与中心工作深度融合、同频共振。

一是融入发展战略。坚持党委中心组理论学习制度，不断在学习中统一思路，形成共识。在产业谋划和目标制定过程中，党委通过征求意见、专题研讨、座谈交流等形式，积极为企业发展把方向、建良策，集思广益，共谋发展。目前，集团围绕延安综合能源基地规划，坚持"做强煤炭、做优电力、做大燃气、做实化工、做活金融"的发展路径，确立了"煤炭立企，多元强企，创新活企，人才兴企"四大发展战略，全力打造煤电、新能源、天然气、化工、多能互补、水资源和金融七大产业板块，构建全新产业体系，推动转型升级。

二是融入生产经营。充分发挥党员模范带头作用，围绕井下生产、运输提升、原煤洗选等关键环节，成立党员挂帅的课题攻关小组，持续对生产工艺进行优化和改进，解决技术难题，提高生产效率。深入开展"三亮三比三评"活动，引导党员亮身份、亮职责、亮承诺，通过岗位描述、劳动竞赛、技能比武等方式比能力、比作风、比业绩。在全系统创设16个"党员先锋号"、16个"党员示范岗"，发挥示范作用，推动生产经营任务完成。

三是融入创新创效。与中国矿大合作，在薄煤层开采中引进"110工法"无煤柱开采技术，实现了煤炭绿色开采，达到国内首创、国际领先水平。构建长效创新机制，设立院士工作站，提升创新能力。与一批高等院校和科研机构建立合作关系，与延安大学共同开展煤矿安全智能决策支持系统的研究和应用，推进产学研一体化建设。广泛开展小改小革，大力鼓励全员创新、岗位创新，通过"党员创新工作室"的示范，产生了一批有创意、敢创新、能创效的革新能手。近年来，6个课题攻关小组共取得10余项攻关成果，各单位产

生了 15 个小改小革项目，取得了明显经济效益，精煤产率提高了
8.6 个百分点，商品煤平均吨煤成本下降 15%，累计为企业创效近
亿元。

四是融入安全发展。坚持把"党管安全"作为党建工作的重要
内容，实现了安全发展。通过一线党员与身边职工签订《安全联保
责任书》，充分发挥了党员在安全生产中的模范带头作用。加大党员
安全生产责任区、党员安全生产示范岗创建工作的管理和运行，完善
标准，严格考评。支部坚持开展对"三违"人员的帮助和教育，引
导职工遵守安全生产相关的法律法规。注重安全文化建设，丰富宣传
载体，建立文化长廊，努力营造安全生产的良好氛围，实现职工思想
上由"要我安全"向"我要安全"的转变。持续开展安全主题活动，
借鉴党内组织生活会经验，创新开展"安全生产专题组织生活会"，
就安全管理开展批评和自我批评，收到了良好成效，推动了安全
生产。

三、激发"红色动力"，凝聚信心保落实

在近年来的党建实践中，我们通过"四个强化"，夯实党建责
任，筑牢支部堡垒，建强"三支队伍"，充分发挥群团组织作用，激
发"红色动力"，凝聚起了推进企业发展的强大力量。

一是强化党建考核，夯实党建责任。按照"党建统领、组织健
全、党员合格、管理民主、效益提升、特色鲜明"的国企党建标准
和要求，将考核细化为 6 类 47 项，形成了系统的党建考核体系。同
时，加大党建在综合绩效考核中的权重，将考核结果与任免、薪酬、
奖惩挂钩，使党建工作由"软指标"变为了"硬杠杠"。建立党建
"三张清单"，每年坚持开展支部书记述职评议，进一步夯实了各级
党建责任。

二是强化政治引领，建强"三支队伍"。统筹抓好"三支队伍"

建设，为企业发展提供政治保证、精神动力和智力支持。一是抓好领导班子和干部队伍建设。强化政治标准，按照"对党忠诚、勇于创新、治企有方、兴企有为、清正廉洁"的标准，选强配齐各级领导班子。二是抓好党员队伍建设。以理想信念、党性修养、政治理论为基础，强化党员思想教育，建立"九位一体"学习方式，印发党员学习口袋书，切实增强党员"四个意识"。坚持将每周三确定为支部学习日，将每月25日确定为党员固定活动日，让党员在红色基地和生产一线接受党性锻炼，强化党员意识。三是抓好人才队伍建设。通过校园招聘、社会聘用等多种形式，拓宽人才引进渠道；通过定向委培、在职教育、挂职锻炼等方式，加大人才培养力度；通过落实"三项机制"，完善人才激励约束机制。人才引进、培养和使用机制的建立，进一步激发了人才活力，为企业发展提供了动力源泉。

三是强化政治功能，建强支部堡垒。坚持企业发展到哪里，党组织就建到哪里，实现组织全覆盖，使基层组织建设与企业规模扩张同步加强。深入开展支部"评星定级"，制定支部标准化建设评定细则，推进支部规范化建设，17个支部全部达到三星级以上标准，五星级支部占比达30%。突出政治功能，严格"三会一课"，规范民主生活会、组织生活会和民主评议党员制度，扎实开展"党员固定活动日"，持续用好"五大载体"。扎实开展"廉洁共建"，严格落实"两个责任"，有效整合纪检监督、审计监督、财务监督，加强重要岗位和重点领域廉洁风险防控，形成监督合力和监督体系。通过强化政治功能，真正把支部建设成为宣传党的主张、贯彻党的决定、领导基层治理、团结动员群众、推动改革发展的坚强战斗堡垒。

四是强化文化建设，聚集发展合力。积极开展社会主义核心价值观教育，大力弘扬劳模精神，开展主题宣讲，营造文明风尚，弘扬时代新风。加强精神文明建设，坚持开展职工体育比赛、文艺晚会、艺术大赛等文体活动，搭建互动平台，丰富职工文化生活。不断拓展宣传阵地，开通微信公众平台，升级公司网站，开办电视台，使企业宣传贴近实际，立体多样，富有成效。不断完善企业价值理念和企业精神，形成了独具特色的企业文化体系。加强群团建设，率先在全市国企成立妇联组织，以党建带团建、带工建、带妇建，把广大职工群众紧紧团结在党组织的周围，把党组织的意志变为职工群众的自觉行动，凝聚发展合力。

四、培育"红色情怀"，关爱民心显担当

多年来，集团党委始终牢记"发展企业、造福职工，创造价值、贡献社会"的企业初心和使命，积极培育国有企业的"红色情怀"，坚持"共建共享"理念，以实施"四项工程"构建和谐，努力让职工群众更多地共享发展成果，彰显了国企的责任和担当。

一是实施工资增长工程。集团党委始终把提高职工工资作为共享发展成果的重要抓手，特别是在近几年能源市场低迷、价格下滑的困境下，仍心系职工，千方百计持续实施增资计划，连续 13 年保持了年均 15% 的工资增幅，实现了工资翻番目标。

二是实施惠民工程。坚持为职工进行体检，建立健康档案，保障职工职业健康。为职工参保大病互助保险，坚持开展困难职工帮扶、老干部慰问、"金秋助学"等活动。近年来，累计向困难职工救助 200 余万元，发放助学金近百万元，为职工子女提供就业岗位 500 多个。组建志愿者队伍，积极开展活动，零距离服务群众，得到了普遍认可，塑造了企业良好形象。

三是实施精准脱贫工程。集团公司积极承担社会责任，组建扶贫工作队，对子长县 34 户贫困户进行结对帮扶。以项目建设促进精准脱贫。在时间紧、任务重的情况下，主动承担光伏扶贫项目重任，投资 10 亿元，在延安宝塔、甘泉等 10 个县区实施总容量 142 兆瓦的光伏扶贫电站项目，已全部建成并网发电。该项目共覆盖 11796 户贫困

户，每年为每户贫困户提供 3000 元扶贫资金，连续帮扶 20 年，累计贡献帮扶金超 7 亿元。

四是实施和谐企地工程。近年来，集团党委始终不忘回报社会，通过实施基础设施建设、捐款捐物等形式，积极推进企地共建，支持地方建设资金累计超 5000 万元。2017 年，投资 3000 余万元，支持子长县 2 个自然村 176 户 543 名村民进行异地搬迁，树立了"有责任、有担当"的国企新形象。

案例评析："红色领航、四心融合"党建工作模式

该党建体系相对完善。首先该党建工作模式有着明确的目的，即明确国企政治属性，明确党委依法进入法人治理结构，明确党组织在公司法人治理结构中的法定地位，明确党组织参与决策的程序。对于党建引领企业的经营也有明确的方式，即三个方式，一是融入发展战略，二是融入创新创效，三是融入安全发展。对于党建体系的落地也有具体的内容就是激发"红色动力"，凝聚信心保落实，包括四个方面：一是强化党建考核，夯实党建责任。二是强化政治引领，建强"三支队伍"。三是强化政治功能，建强支部堡垒。四是强化文化建设，聚集发展合力。相对而言，这是一个既有理论又有落地实践的党建体系。

问题与不足：这个党建体系在转化为每个党支部的品牌建设时，一定要突出其中体系中落地的某一项，或者兼顾这四项。

案例二：广西柳钢集团：打造"钢铁先锋党员淬炼线" 锻造"四个铁一般"先锋队伍

党员的党性修炼过程，如同"百炼成钢"的砥砺过程。广西柳钢集团党委聚焦于锻造"四个铁一般"的党员干部队伍，将工业生产的淬炼钢材与队伍建设的淬炼党性创新融合，建成了全国首条建设在工业生产线上的党性修养淬炼线——钢铁先锋党员淬炼线，将党建

文化融入生产现场，将"品质炼钢"与"品格炼人"贯穿一线，并根据生产区域特点设置了"政治合格主题教育墙""十大钢铁先锋党员""党员创新项目""党员承诺践诺""廉洁正身墙"等10多个特色鲜明的教育实践板块，打造出一条生产优质产品、淬炼先锋党员的特殊红色生产线。这种独具特色和魅力的做法，受到中国共产党新闻网、国务院国资委网站等众多权威媒体的关注和推介，柳钢党员在"钢铁先锋党员淬炼线"开展"红色淬炼行动"的照片还荣登国家博物馆庆祝改革开放40周年大型展览，成为展现广西国企党建成果的杰出代表。

一、案例背景

国有企业是中国特色社会主义经济的"顶梁柱"。广西柳钢集团作为毛泽东主席亲自审定选址方案和发展规划的地方国企，经过60年砥砺奋进，以较强的竞争实力稳居中国500强企业、全球50强钢铁企业、全球上市公司2000强行列。现有二级党组织40个，基层党支部290多个，党员6300多名，职工22000多名。在当前深入贯彻落实全国国有企业党的建设工作会议精神，将党的领导、党的建设作为国有企业"根"与"魂"的大背景下，如何推动党建工作与生产经营深度融合，围绕生产经营创新工作载体、搭建活动平台，成为国企党建工作务实创新的重大课题。针对钢铁企业是劳动密集型企业，企业生产经营任务重、工作节奏快、党员党性教育工学矛盾比较突出、传统教育方式吸引力不强等问题，柳钢集团从基本队伍严起，结合行业特点和生产实际，突出"品质炼钢与品格炼人"主题，在生产线建成"钢铁先锋党员淬炼线"，以此为依托开展党性修养淬炼行动等，引导党员在工作岗位上潜移默化地淬炼忠诚、奉献、清廉、担当本色，成为做到政治合格、品德合格、执行纪律合格、发挥作用合格的先锋党员，凝聚起推动企业高质量发展的钢铁力量。

二、主要做法

(一) 紧扣"四个合格"主线，打造特色功能分区

牢牢把握"做合格党员"这一主旨，在生产自动化程度最高、产品技术含量最高的二冷轧生产线，打造一条将党建文化融入生产现场、将党员精神贯穿工艺流程、将带动效应植入职工内心的"红色生产线"。紧扣"政治合格、品德合格、执行纪律合格、发挥作用合格"主题，将党员的党性修炼过程融入生产线各功能区域，熔铸"忠诚、奉献、清廉、担当"的党员本色。既充分展现钢铁经过水与火的洗礼，逐步提高强度和硬度的"产品炼成之路"，又有机展现党员在红色文化的熏陶教育下，不断净化灵魂、百炼成钢的"党性升华之路"。

1. 政治合格区"强根"。作为整条淬炼线的起点，同时也是党员党性修养的起点，政治建设是摆在第一位的。为此，柳钢在冷轧厂生产线的起点设计建设了"政治合格主题墙"，其上镌刻了党员入党誓词、习近平总书记谈政治合格的论述等，并融入 LED 多媒体大屏，可播放内容丰富的政治教育、理论教育视频、课件资源，构成党员职工强化政治意识、提升理论素养的教育主阵地。政治合格主题区特意设置在冷轧厂罩式退火作业区旁，冷轧厂的初产品冷硬卷在此区域经过退火工序，可获得更加优秀的力学性能和钢卷表面质量，巧妙呼应了党经过政治合格教育后应有的硬度、强度，将产线特点和现场教育更加紧密地融为一体，让对党忠诚、信念坚定的意识更加强烈地固化在党员职工内心，从而在思想上、行动上更加旗帜鲜明地讲党性、讲原则、讲信仰。

2. 品德合格区"固魂"。在冷轧生产线的酸洗区域，"品德合格"主题区设置了"习语卷轴""四个铁一般"长廊、"十大钢铁先锋党员""道德模范"展示墙等，引导党员上好道德修养这一必修

课，集聚先锋力量、淬炼奉献本色。这里展示了来自柳钢各条战线、各个岗位的杰出党员代表、模范人物。有苦心钻研技术，带头攻坚克难，屡获全国五一劳动奖章、中华技能大奖、广西工匠的高技能人才；有奋战在基层一线，风雨无阻开展上百次突击护煤行动为公司挽回巨大经济损失的金牌工人；有无怨无悔勇挑家庭重担，诠释责任与善良的最美家庭、巾帼模范、"中国好人"等。这些活跃在职工身边的党员先进典型、道德模范，成为一面面旗帜、一个个标杆，激励和教化柳钢的广大党员干部职工不忘初心、牢记使命、奋斗奋进，成为牢记铁一般信仰、坚定铁一般信念、遵守铁一般纪律、做到铁一般担当的先锋队伍。

3. 执行纪律合格区"立标"。守规矩、讲纪律是党员干部正确履职用权、干事创业标尺和底线，全体党员要做到心中有党、心中有民、心中有责、心中有戒，永葆共产党人的清正廉洁的先锋本色。在"执行纪律合格"主题区，设置了党员廉洁自律准则、柳钢廉政誓词、职工廉洁警句、廉洁正身镜、警钟长鸣等元素。党员职工在此开展廉洁宣誓活动，照明镜、正衣冠、严举止，坚决做到防微杜渐、绷紧清廉防线，防腐拒变、筑牢纪律堤坝，自省自检、树立作风标尺，争做忠诚、干净、担当的好干部、好职工。

4. 发挥作用合格区"见效"。作为整条生产线的末道工序以及成品区域，冷轧重卷拉矫线和成品库作业区自动化程度相对较低，是检验岗位职工吃苦耐劳精神和协调配合效果的重要区域，也是党员"发挥作用合格"的主考场。在这个区域设置了"我是党员戴党徽亮身份作表率"亮相墙、党员"承诺践诺墙"，引导党员立足岗位勇于担当、主动作为。作业区党员佩戴党员徽章亮身份，带头在中心工作和重大任务中啃硬骨头、打攻坚战；承诺墙上党员岗位指标清晰明确、一目了然，工作质量和效果全程接受职工监督，真正体现了习近平总书记所要求的，党员就是要平常时候看得出来、关键时刻站得出来、危急关头豁得出来。

（二）打响"三大工程"战役，淬炼铁一般队伍

淬炼线紧密围绕党员素质能力建设，着眼于"学"，立足于"用"，从顶层设计高度策划实施"红色淬炼、廉洁文化、创新创业"三大工程，通过探索切实有效的功能载体，积极淬炼具有铁一般信仰、铁一般信念、铁一般纪律、铁一般担当的先锋队伍。

1. 红色淬炼工程"补钙"。依托"钢铁先锋党员淬炼线"这个现场移动式思想学校的优势，柳钢党委从上至下组织开展为期2年的党性修养淬炼行动，各基层党组织分批次组织党员、积极分子等到淬炼线开展丰富多彩的主题党日活动、现场组织生活会等，300多个基层党支部、6000多名党员亲身走入这个红色文化熔炉进行心灵砥炼。通过重温入党誓词、开展理想信念和政治意识教育、上现场红色党课、进行思想解放大讨论、组织开展以"大培训、大宣讲、大调研、大讨论、大献策"和"小党日展评、小知识渗透、小攻关推进"为主要内容的"6大3小"活动等，掀起红色学习热潮，进一步补足了柳钢党员的理想信念之"钙"。

2. 廉洁文化工程"清心"。柳钢党委结合"作风建设年"要求，大力推进"转作风、树形象、敢担当、提效能"主题活动，要求各单位党组织利用好淬炼线"执行纪律合格"主题区域载体，不断丰富拓展廉政教育方式和内容。如，广泛开展党风、政风、厂风、家风等方面存在问题的自查自纠及大讨论大改进，选聘党风政风厂风监督员在淬炼线进行廉政宣誓，开展干部任前廉政谈话、党员廉洁签名，举行党规党纪知识"口袋书"发放仪式等活动，弘扬廉洁文化、持续正风肃纪，持续营造"廉洁知识常学、廉洁警钟常敲"的风清气正氛围。

3. 创新创业工程"健体"。柳钢党委以"争当八桂先锋、争做合格党员"的"双争"活动为抓手，深入实施"创新创业创一流"

主题教育实践，要求广大党员在公司生产经营、降本增效、精细管理、转型升级等工作中积极创新创业，争创一流工作业绩。包括冷轧厂轧后库无人行车改造、冷轧深冲用钢品种开发等成百上千项党员攻关创新项目如雨后春笋般涌现，并精选在淬炼线"党员创新项目墙"区域展示，激励全体党员干部职工在岗位上争先、在工作中创优，以一流的工作业绩推动企业高质量发展。

三、实践成效

（一）提升了基层党员队伍的"红色动能"

"钢铁先锋党员淬炼线"以其丰富内涵的党建元素、务实有效的工作载体，成为柳钢集团广大党员干部职工开展党性淬炼、磨砺作风品质、推进攻关创效的"根据地"，并以其创新性、独创性的党性教育方式，成为柳州市干部教育培训现场教学基地、新时代工厂讲习所，让广大党员学习交流有阵地、工作开展有舞台。通过融入日常的党支部组织生活和灵活的主题党日活动，党员的精神之"钙"得到不断补足，党性之"魂"得到不断铸牢，基层组织力得到有效加强，各级党支部成为企业攻坚克难的坚强战斗堡垒；通过积极发挥淬炼线上党员的先锋模范作用，在三基地开展党性修养淬炼行动和钢铁先锋队（岗）实践行动等，仅冷轧厂一个厂的 200 多名党员，年组织公开承诺践诺，以及开展联合项目攻关就达 1600 多项，涌现出被称为"新时代的钢铁先锋"的全国技能工匠陈毅杰等党员典型。

（二）打响了企业党建工作的"金字招牌"

通过开创全国先河建设并运用"钢铁先锋党员淬炼线"，柳钢集团将党建基因和红色文化注入企业的生产建设以及党员职工的磨砺培养的全过程，以品牌的理念不断提升党建工作质量，成为改进和加强国有企业党的建设的创新实践和有益探索，为全区乃至全国的国有企业发挥出较好的典型示范作用，打响了国有企业党建工作的招牌。同时，通过淬炼线红色品牌的辐射和带动作用，启发和激励了柳钢各级党组织积极结合单位实际创建独具特色的单位党建品牌，从上至下掀起了"一厂一特色、一企一品牌"的创建高潮，部分二级单位的党建品牌获得柳州市国资委系统优秀品牌，连点成线、连线成片，构建起大格局的"党建领航图"。

（三）展示了企业改革发展的"亮丽名片"

"钢铁先锋党员淬炼线"建成不到一年时间，影响力倍增，成为充分展现国企新形象、文化软实力的亮丽名片。各级上级部门，区内外各兄弟企业、机关、学校、社区慕名前来学习交流、开展主题党日等，接待来访超过 6000 人次。通过党建工作交流互动架起的桥梁，柳钢集团与各方，特别是产业链上下游企业建立起更紧密的合作关系，如与中建钢构、广西汽车集团、北京科技大学等结成党建联盟，探索"党建搭台、业务唱戏"的共赢模式，进一步做大了"朋友圈"，结成了"共同体"，实现共联共建共赢，促进企业发展。

四、探讨启示

广西柳钢集团打造"钢铁先锋党员淬炼线"、锻造四个铁一般先锋队伍的做法，是深入贯彻落实党的十九大以及全国国有企业党的建设工作会议精神的创新鲜活实践，为党建工作与生产经营深度融合、加强党员队伍建设提供了有益经验和启示。

（一）要推动党建工作与生产经营深度融合

无论是建设"钢铁先锋党员淬炼线"，还是以此为依托开展党性修养淬炼行动等，柳钢集团始终坚持将高扬的党旗插在转型发展最前沿、生产经营第一线，找准切入点，做实"融合文章"、把好"淬炼工艺"，在生产流水线上、党员工作岗位上搭建起"特殊红色阵地"，因地制宜地开展创新创业创一流主题实践活动等，努力做到两手抓、两促进，引导党员在生产制造高质量合格产品过程中，充分发挥出先锋模范作用，把党建工作成效转化为企业发展活力和竞争实力。

（二）要落实以人为本、强化党员主体地位

事业成败、关键在党、核心在人。柳钢集团的"钢铁先锋党员淬炼线"之所以成效显著，就是聚焦于党员队伍建设，在淬炼党员坚强党性、提振精气神的同时，充分调动广大党员的创业热情，以忠诚、奉献、清廉、担当的党性本色，推动柳钢在高质量发展的新长征中行稳致远。实践表明，只有始终把人的因素放在首位，把建设"四个铁一般"的党员队伍作为重要职责，充分激活党员干部的内在动力，才能为企业持续发展提供重要的智力支持和人才支撑，党建工作也才能真正落地生根、富有生机活力。

（三）要以文化思维品牌理念不断创新党建工作

党建工作随着时代的发展必须与时俱进、常做常新。柳钢集团以做文化的思维、做品牌的理念，以"举旗帜、聚民心、育新人、兴文化、展形象"的使命任务，创新谋划企业党的建设，通过"钢铁先锋党员淬炼线"等具有企业特色的活动平台、工作载体，始终坚持以习近平新时代中国特色社会主义思想为引领，唱响主旋律、壮大正能量，成为企业党建、文化双先行的品牌，在不断增强党组织的凝聚力和战斗力的同时，以强大的文化自信凝聚企业发展力量。

案例评析： 广西柳钢集团的打造"钢铁先锋党员淬炼线"锻造四个铁一般先锋队伍

该党建体系有着明确的目的，就是打造党员先锋队伍。这是这个体系的亮点。围绕这个主题开展了这样几方面活动：紧扣"政治合格、品德合格、执行纪律合格、发挥作用合格"主题，将党员的党性修炼过程融入生产线各功能区域，熔铸"忠诚、奉献、清廉、担当"的党员本色。围绕党员素质能力建设，从顶层设计高度策划实施"红色淬炼、廉洁文化、创新创业"三大工程，淬炼使其具有铁一般信仰、铁一般信念、铁一般纪律、铁一般担当的先锋队伍。

案例三：国家能源集团伊犁电厂：开展国有企业党建"红石榴"品牌建设

自 2016 年 10 月企业党委组织召开了"民族团结一家亲"党员结对启动会开始，国家能源集团伊犁电厂不断探索以国有企业党建引领民族团结，以党建推动中心工作的新模式，形成"红石榴"党建工作品牌。扎根于边疆地区的国有企业国家能源集团伊犁电厂，一方面通过"在工作中促团结，在团结中共生活"的方式让"各民族要像石榴籽一样紧紧抱在一起"；另一方面把加强和完善党对国有企业的领导、加强和改进国有企业党的建设融入企业发展过程中。在推动将企业党建同贯彻新发展理念、促进主体主业发展和民族团结结合在一起的过程中，"红石榴"党建品牌工作显示出了勃勃生机，为民族地区基层党组织探索党建促融合、融合促发展提供了值得借鉴和推广的经验。

一、背景和起因

国家能源集团伊犁电厂位于新疆伊犁哈萨克自治州伊宁市，美丽的伊犁河南岸。企业现有员工 325 人，由汉族、哈萨克族、维吾尔族、回族、锡伯族、乌孜别克族、蒙古族、俄罗斯族、满族共 9 个民族组成，少数民族员工占员工总数三分之一，民族团结与企业发展相辅相成。

国家能源集团伊犁电厂在贯彻新发展理念推动新旧动能转换阶段，面对如何处理好改革的阵痛与企业的持续发展以及各民族员工对美好生活需要的满足之间的关系，如何把促进民族团结工作融入国有企业党建工作中的特殊且复杂的局面，企业党委创新党建工作模式和方法，探索出一条新的道路。

二、主要做法

1. 强化党建引领方向，助力企业落实新发展理念

习近平总书记指出："要通过加强和完善党对国有企业的领导、加强和改进国有企业党的建设，使国有企业成为党和国家最可信赖的依靠力量，成为坚决贯彻执行党中央决策部署的重要力量，成为贯彻新发展理念、全面深化改革的重要力量。"2015 年 4 月，国家能源集团伊犁电厂运行 18 年的两台 25 兆瓦机组由于环保排放不达标被迫关停。2015 年 6 月，扩建项目获得核准，按照集团创建国际一流企业的要求，项目继续开展深度设计优化，未能向职工兑现"核准即开工"的承诺，职工面临着下岗再上岗的压力，迷茫、忧虑、失落情绪笼罩心头。针对这种情况，国家能源集团伊犁电厂党委班子、党员深入职工群众，面对面解疑释惑，了解职工思想动态，研究制定应对措施，引导职工正确认识企业发展的初心，增强共渡难关的信心，坚定学业务、再上岗的决心。

国家能源集团伊犁电厂党委坚持"一个都不落下"的原则，想方设法为职工提供培训学习机会。先后成批次派出职工 180 余人次，到兄弟单位和同行业企业开展"半工半读"式培训。"企业发展到哪里，党的建设就跟进到哪里，党组织的战斗堡垒作用就体现在哪里"。在所有的驻外培训点，都成立了临时党支部或党小组，在培训过程中，驻外员工政治思想稳定，学习积极向上，逐渐成长为企业发展的主力军。

2. 完善"六化"体制机制，以党建促进民族团结和发展

国家能源集团伊犁电厂党委按照新疆维吾尔自治区、国家能源集团的工作部署和要求，不断深化民族团结特色党建品牌建设力度，把民族团结工作作为一项政治任务，与企业发展、改革、稳定相结合，促"民族团结一家亲"党员结对工作在企业落地生根。

组织措施"制度化"。国家能源集团伊犁电厂党委结合实际，召开动员会，成立了以党委书记为组长，总经理为副组长，班子成员、部门负责人为成员的"民族团结一家亲"活动领导小组，研究制定了《"民族团结一家亲暨党员结对帮带"活动实施方案》，明确职责任务，将活动纳入党建工作目标管理考核，形成"党政负责，各有关部门齐抓共管，各族员工共同参与"的长效机制，确保"民族团结一家亲暨党员结对帮带"活动有力、有序、有效地推进。

结对程序"规范化"。在全面调查核实的基础上，明确党员领导干部结对帮带对象，形成厂领导与伤病职工、中层干部与重点困难职工、普通党员与部门员工结对的帮带机制。通过面对面签订协议，以"五带五促"为主线，即带着诚心做好服务，促进党群关系和谐；带着耐心破解难题，促进企业安全稳定；带着恒心学习业务，促进素质能力提升；带着热心沟通交流，促进责任意识提高；带着匠心干好工作，促进业绩成果突出。承担起"第一知情人、第一报告人、第一帮助人"的职责。通过建立家庭成长手册，定期完善帮带工作档案，详细记载结对帮带家庭活动情况，共创和谐稳定氛围。

结对帮带"多元化"。充分利用重大节日、工程节点，组织开展"红色经典诵读""节日寄语""我的工程我负责"等内容丰富、主题鲜明的文体活动。经常性地组织开展"同升国旗共唱国歌"、同学习同劳动、"发声亮剑"等活动，搭建起增进各族员工感情的桥梁。采取面对面交流、发放宣传资料等方式，进一步增强各族员工"五个认同"的意识，提升感恩伟大祖国、建设美好家园的动力。大力宣传和挖掘民族团结先进模范人物的事迹，充分发挥先进典型的示范引领作用。让全体干部员工在潜移默化中凝聚力量，推动各民族和睦相处、和衷共济、和谐发展。

各基层党支部紧紧围绕工程建设、安全生产、管理提升，开展了"书香满工地"赠书活动、"比学习、比安全、比技能"的大比武、

"与你结伴，共读一本书"活动，通过系列结对活动的有力推进，党员干部争先创优的意识不断增强，爱岗敬业的风气正在形成。

增进感情"日常化"。结合"两学一做"，强化党员干部"三个带头"意识，采取与结对员工建立微信群、QQ群，有效克服空间限制，畅通沟通交流渠道，通过聊天谈心，随时了解掌握结对员工的基本情况、工作和生活状态等，共同学习党的方针、政策，及时传达公司会议精神，让结对员工共享企业发展成果，感受大家庭温暖。

扶贫帮困"常态化"。根据各结对员工的实际情况，开展"一对一、点对点"送温暖活动，虚心听取结对员工的意见建议，排查解决各种可能影响民族团结的热点问题，解疑释惑，提升员工幸福感。通过共照全家福、家庭聚餐等，让各族干部员工像石榴籽一样紧紧抱在一起，形成你中有我、我中有你、相互扶助、亲如一家的和谐氛围。

品牌创建"质量化"。国家能源集团伊犁电厂党委把党员满意、群众满意作为检验党建品牌质量的根本标准，把党建品牌创建成效的评价权交给广大党员和群众，使党建工作步入了更加注重提高内在质量的轨道。每季度召开"民族团结一家亲暨党员结对"活动部署会，各支部、各部门对活动开展情况进行现场汇报，总结推广活动中好经验好做法，对活动中存在的问题和不足进行讨论，力求活动取得实效。定期编印党建工作满意度测评表下发到各部门、各支部，从班子建设、阵地建设、队伍建设、品牌创建等方面进行了民意测评。

三、主要成效

为创新发展开辟新局面。立足于党员先锋模范作用的发挥，以成立党员结对家庭，带动党员成长为既懂业务、会服务、促发展，又善于化解矛盾、疏导情绪、维护稳定的"多面手"。通过带思想，职工思想政治稳定，学习态度积极向上。通过带业务，职工业务技能水平得以大幅提升，对新机顺利投产充满了信心和决心。

为和谐企业注入新活力。国家能源集团伊犁电厂党委通过开展形式多样党员结对活动，各族党员干部员工交往交流交融，大家像石榴籽一样紧紧抱在一起，亲如一家人。三年来，党员累计结对210对，员工做到了全覆盖；党员结对开展活动累计1600人次；受助职工40余人次，受助金额达30余万元，做到人与人之间互助，心与心之间交融，实现了真正意义上的"民族团结一家亲"。国家能源集团伊犁电厂先后荣获伊犁州"民族团结进步模范单位""劳动关系和谐企业"和伊犁州国资委"先进基层党组织"等荣誉称号。

为融入中心提供新动力。国家能源集团伊犁电厂党委以三年的"民族团结一家亲暨党员结对帮带"活动为基础，启动了"红石榴"党建特色品牌创建工作，以品牌效应推动中心工作的落实。围绕企业重点难点确定岗位攻坚项目，成立由党员干部担任组长，党员结对家庭为辅助的13个攻坚小组，以点带面，层层发力，对攻坚目标进行有计划、有步骤的实施和攻坚。充分发挥"头雁"效应，根据领导班子成员个人分工，量身定制了"任务清单"，针对领导班子任务清单，制定了清单完成情况推进表，相关部门根据节点跟踪督查各项任务的进展，并于每月25日在企业内网公布任务清单完成情况，接受职工群众的监督。通过充分发挥党委的领导作用、党支部的战斗堡垒作用和党员的先锋模范作用，新机项目建设安全稳步向前推进。2018年，国家能源集团伊犁电厂荣获国神集团"先进单位"和国神集团"基建单位S级企业"荣誉称号，成为新时代国有企业党建融入中心工作的典型代表，全方位展现了企业新形象。

四、经验和启示

党组织建设是地区发展和民族团结的纽带。发展是解决中国问题的关键，少数民族地区的基层党建只有坚持以基层为导向，以地区情况为基础，不断夯实基层党支部战斗堡垒，全面从严教育和管理好基层党员，进一步夯实基层党建工作，才能让基层党组织和党员成为推动地区发展和维护民族团结的纽带，促进民族团结更好地为党的建设服务，推进党建工作与民族团结共建双赢，增强党建工作活力，使民族地区党建工作更加贴近实际、更加富有成效，更好地为民族地区经济发展和社会稳定服务。

党组织建设要与国企改革发展紧密结合、双向推动。做好基层党建工作，要明确党组织在国企中"把方向、管大局、保落实"的领导核心、政治核心作用，健全和完善国有企业党建工作考评体系。国有企业加强党的领导，必须树立"把抓好党建作为最大的政绩"的意识，改变党建考核失之于软、失之于松的状况，以建立健全党建工作监督考核评价体系为抓手，推动党建工作与中心工作相互促进、协调发展，做到改革发展与党的建设两手抓、两手都要硬。

案例评析：国家能源集团伊犁电厂提出的"红石榴"党建品牌建设，应该说比较成功，主要体现在这样几个方面：一是关于品牌的名字命名具有党建文化的内涵，而且还注重了党建的社会政治功能的发挥，即一方面注重了党组织在民族团结中的政治功能，"在工作中促团结，在团结中共生活"的方式让"各民族要像石榴籽一样紧紧抱在一起"；另一方面的寓意就是实现了党组织在生产经营中的统领作用，把加强和完善党对国有企业的领导、加强和改进国有企业党的建设加融入企业发展过程中。二是该品牌体现了党建品牌建设的主旨，就是强化党建引领方向、助力企业落实新发展理念。三是党建品牌有理论支撑，即完善"六化"体制机制，即组织措施"制度化"、结对程序"规范化"、结对帮带"多元化"、增进感情"日常化"、扶贫帮困"常态化"、品牌创建"质量化"。四是实现了党员先进性的发挥，即"结对帮带"发挥党员作用，具体指"结对"带学习培训；以"帮带"助业务提升；以"家庭"促岗位攻坚。

　　但从整体上看，这个品牌建设还存在这样几个问题：一是缺乏体系支撑，即"红石榴"品牌的党建体系没有完整构建出来，虽然有了"六化"体制机制，但是对于落地实践等层面的内容没有构建出来。二是品牌的主旨与下面的理论和实践逻辑上存在着一些问题，尤其体现在落地层面的"结对帮带"中，显然一个企业的发展理念是更宏大的，党员传帮带这个层面，无法全部代表。三是品牌包含的内容缺乏整体逻辑性。

附录：中国共产党国有企业基层
组织工作条例（试行）

（2019 年 11 月 29 日中共中央政治局会议审议批准 2019 年 12 月 30 日中共中央发布）

第一章 总 则

第一条 为了深入贯彻习近平新时代中国特色社会主义思想，贯彻落实新时代党的建设总要求和新时代党的组织路线，坚持和加强党对国有企业的全面领导，提高国有企业党的建设质量，推动国有企业高质量发展，根据《中国共产党章程》和有关法律，制定本条例。

第二条 国有企业党组织必须高举中国特色社会主义伟大旗帜，以马克思列宁主义、毛泽东思想、邓小平理论、"三个代表"重要思想、科学发展观、习近平新时代中国特色社会主义思想为指导，坚持党的基本理论、基本路线、基本方略，增强"四个意识"、坚定"四个自信"、做到"两个维护"，坚持和加强党的全面领导，坚持党要管党、全面从严治党，突出政治功能，提升组织力，强化使命意识和责任担当，推动国有企业深化改革，完善中国特色现代企业制度，增强国有经济竞争力、创新力、控制力、影响力、抗风险能力，为做强做优做大国有资本提供坚强政治和组织保证。

第三条　国有企业党组织工作应当遵循以下原则：

（一）坚持加强党的领导和完善公司治理相统一，把党的领导融入公司治理各环节；

（二）坚持党建工作与生产经营深度融合，以企业改革发展成果检验党组织工作成效；

（三）坚持党管干部、党管人才，培养高素质专业化企业领导人员队伍和人才队伍；

（四）坚持抓基层打基础，突出党支部建设，增强基层党组织生机活力；

（五）坚持全心全意依靠工人阶级，体现企业职工群众主人翁地位，巩固党执政的阶级基础。

第二章　组织设置

第四条　国有企业党员人数 100 人以上的，设立党的基层委员会（以下简称党委）。党员人数不足 100 人、确因工作需要的，经上级党组织批准，也可以设立党委。

党员人数 50 人以上、100 人以下的，设立党的总支部委员会（以下简称党总支）。党员人数不足 50 人、确因工作需要的，经上级党组织批准，也可以设立党总支。

正式党员 3 人以上的，成立党支部。正式党员 7 人以上的党支部，设立支部委员会。

经党中央批准，中管企业一般设立党组，中管金融企业设立党组性质党委。

第五条　国有企业党委由党员大会或者党员代表大会选举产生，

每届任期一般为 5 年。党总支和支部委员会由党员大会选举产生，每届任期一般为 3 年。任期届满应当按期进行换届选举。根据党组织隶属关系和干部管理权限，上级党组织一般应当提前 6 个月提醒做好换届准备工作。

中央企业直属企业（单位）党组织换届选举工作，以中央企业党委（党组）为主指导，审批程序按照党内有关规定办理。中央企业及其直属企业（单位）召开党员代表大会，可以为党组织隶属地方党组织的下一级企业（单位）分配代表名额。

第六条　国有企业党委一般由 5 至 9 人组成，最多不超过 11 人，其中书记 1 人、副书记 1 至 2 人。设立常务委员会的，党委常务委员会委员一般 5 至 7 人、最多不超过 9 人，党委委员一般 15 至 21 人。党委委员一般应当有 3 年以上党龄，其中中央企业及其直属企业（单位）、省属国有企业的党委委员应当有 5 年以上党龄。

国有企业党总支一般由 5 至 7 人组成，最多不超过 9 人；支部委员会由 3 至 5 人组成，一般不超过 7 人。正式党员不足 7 人的党支部，设 1 名书记，必要时可以设 1 名副书记。党支部（党总支）书记一般应当有 1 年以上党龄。

第七条　国有企业党组织书记、副书记以及设立常务委员会的党委常务委员会委员，一般由本级委员会全体会议选举产生。选举结果报上级党组织批准。

中央企业党委（党组）认为有必要时，可以调动或者指派直属企业（单位）党组织负责人。

第八条　国有企业党委设立纪律检查委员会或者纪律检查委员，党总支和支部委员会设立纪律检查委员。

第九条　国有企业在推进混合所有制改革过程中，应当同步设置或者调整党的组织，理顺党组织隶属关系，同步选配好党组织负责人和党务工作人员，有效开展党的工作。

第十条　为执行某项任务临时组建的工程项目、研发团队等机构，党员组织关系不转接的，经上级党组织批准，可以成立临时党组织。临时党组织领导班子成员由批准其成立的党组织指定。

第三章　主要职责

第十一条　国有企业党委（党组）发挥领导作用，把方向、管大局、保落实，依照规定讨论和决定企业重大事项。主要职责是：

（一）加强企业党的政治建设，坚持和落实中国特色社会主义根本制度、基本制度、重要制度，教育引导全体党员始终在政治立场、政治方向、政治原则、政治道路上同以习近平同志为核心的党中央保持高度一致；

（二）深入学习和贯彻习近平新时代中国特色社会主义思想，学习宣传党的理论，贯彻执行党的路线方针政策，监督、保证党中央重大决策部署和上级党组织决议在本企业贯彻落实；

（三）研究讨论企业重大经营管理事项，支持股东（大）会、董事会、监事会和经理层依法行使职权；

（四）加强对企业选人用人的领导和把关，抓好企业领导班子建设和干部队伍、人才队伍建设；

（五）履行企业党风廉政建设主体责任，领导、支持内设纪检组织履行监督执纪问责职责，严明政治纪律和政治规矩，推动全面从严治党向基层延伸；

（六）加强基层党组织建设和党员队伍建设，团结带领职工群众积极投身企业改革发展；

（七）领导企业思想政治工作、精神文明建设、统一战线工作，领导企业工会、共青团、妇女组织等群团组织。

第十二条 国有企业党支部（党总支）以及内设机构中设立的党委围绕生产经营开展工作，发挥战斗堡垒作用。主要职责是：

（一）学习宣传和贯彻落实党的理论和路线方针政策，宣传和执行党中央、上级党组织和本组织的决议，团结带领职工群众完成本单位各项任务。

（二）按照规定参与本单位重大问题的决策，支持本单位负责人开展工作。

（三）做好党员教育、管理、监督、服务和发展党员工作，严格党的组织生活，组织党员创先争优，充分发挥党员先锋模范作用。

（四）密切联系职工群众，推动解决职工群众合理诉求，认真做好思想政治工作。领导本单位工会、共青团、妇女组织等群团组织，支持它们依照各自章程独立负责地开展工作。

（五）监督党员、干部和企业其他工作人员严格遵守国家法律法规、企业财经人事制度，维护国家、集体和群众的利益。

（六）实事求是对党的建设、党的工作提出意见建议，及时向上级党组织报告重要情况。按照规定向党员、群众通报党的工作情况。

第四章　党的领导和公司治理

第十三条 国有企业应当将党建工作要求写入公司章程，写明党组织的职责权限、机构设置、运行机制、基础保障等重要事项，明确党组织研究讨论是董事会、经理层决策重大问题的前置程序，落实党组织在公司治理结构中的法定地位

第十四条 坚持和完善"双向进入、交叉任职"领导体制，符合条件的党委（党组）班子成员可以通过法定程序进入董事会、监事会、经理层，董事会、监事会、经理层成员中符合条件的党员可以

依照有关规定和程序进入党委（党组）。

党委（党组）书记、董事长一般由一人担任，党员总经理担任副书记。确因工作需要由上级企业领导人员兼任董事长的，根据企业实际，党委书记可以由党员总经理担任，也可以单独配备。

不设董事会只设执行董事的独立法人企业，党委书记和执行董事一般由一人担任。总经理单设且是党员的，一般应当担任党委副书记。

分公司等非独立法人企业，党委书记和总经理是否分设，结合实际确定。分设的一般由党委书记担任副总经理、党员总经理担任党委副书记。

中央企业党委（党组）配备专职副书记，专职副书记一般进入董事会且不在经理层任职，专责抓好党建工作。规模较大、职工和党员人数较多的中央企业所属企业（单位）和地方国有企业党委，可以配备专职副书记。国有企业党委（党组）班子中的内设纪检组织负责人，一般不兼任其他职务，确需兼任的，报上级党组织批准。

国有企业党组织实行集体领导和个人分工负责相结合的制度，进入董事会、监事会、经理层的党组织领导班子成员必须落实党组织决定。

第十五条　国有企业重大经营管理事项必须经党委（党组）研究讨论后，再由董事会或者经理层作出决定。研究讨论的事项主要包括：

（一）贯彻党中央决策部署和落实国家发展战略的重大举措；

（二）企业发展战略、中长期发展规划，重要改革方案；

（三）企业资产重组、产权转让、资本运作和大额投资中的原则性方向性问题；

（四）企业组织架构设置和调整，重要规章制度的制定和修改；

（五）涉及企业安全生产、维护稳定、职工权益、社会责任等方面的重大事项；

（六）其他应当由党委（党组）研究讨论的重要事项。

国有企业党委（党组）应当结合企业实际制定研究讨论的事项清单，厘清党委（党组）和董事会、监事会、经理层等其他治理主体的权责。

具有人财物重大事项决策权且不设党委的独立法人企业的党支部（党总支），一般由党员负责人担任书记和委员，由党支部（党总支）对企业重大事项进行集体研究把关。

第十六条　国有企业党组织应当按照干部管理权限，规范动议提名、组织考察、讨论决定等程序，落实对党忠诚、勇于创新、治企有方、兴企有为、清正廉洁的要求，做好选配企业领导人员工作，加大优秀年轻领导人员培养选拔力度，加强企业领导人员管理监督，保证党对干部人事工作的领导权和对重要干部的管理权。

实施人才强企战略，健全人才培养、引进、使用机制，重点做好企业经营管理人才、专业技术人才、高技能人才以及特殊领域紧缺人才工作，激发和保护企业家精神，营造鼓励创新创业的良好环境。

第十七条　健全以职工代表大会为基本形式的民主管理制度，探索职工参与管理的有效方式，推进厂务公开、业务公开，保障职工知情权、参与权、表达权、监督权，维护职工合法权益。重大决策应当听取职工意见，涉及职工切身利益的重大问题必须经过职工代表大会或者职工大会审议。坚持和完善职工董事制度、职工监事制度，保证职工代表有序参与公司治理。

第五章　党员队伍建设

第十八条　国有企业党组织应当坚持集中教育和经常性教育相结合，采取集中轮训、党委（党组）理论学习中心组学习、理论宣讲、在线学习培训等方式，强化政治理论教育、党的宗旨教育、党章党规党纪教育和革命传统教育，组织引导党员认真学习党史、新中国史、改革开放史，推进"两学一做"学习教育常态化制度化，把不忘初心、牢记使命作为加强党的建设的永恒课题和全体党员、干部的终身课题，形成长效机制。

第十九条　严肃党的组织生活，认真召开民主生活会和组织生活会，提高"三会一课"质量，落实谈心谈话、民主评议党员和主题党日等制度，增强党内政治生活的政治性、时代性、原则性、战斗性。坚持重温入党誓词、重温入党志愿书等有效做法，落实党员领导干部讲党课制度。

第二十条　强化党员日常管理，及时转接党员组织关系，督促党员按期足额交纳党费，增强党员意识。加强和改进青年党员、农民工党员、出国（境）党员、流动党员、劳务派遣制员工党员的管理服务。有针对性做好离退休职工党员、兼并重组和破产企业职工党员管理服务工作。

从政治、思想、工作、生活上关心关爱党员，建立健全党内关怀帮扶机制，在重要节日、纪念日等走访慰问功勋荣誉表彰奖励获得者，经常联系关心因公伤残党员、老党员、生活困难党员和因公殉职、牺牲党员的家庭，帮助解决实际问题。

严格执行党的纪律，对违犯党的纪律的党员，按照党内有关规定及时进行教育或者处理。

第二十一条　按照控制总量、优化结构、提高质量、发挥作用的总要求和有关规定发展党员。坚持把政治标准放在首位，重视在生产经营一线、青年职工和高知识群体中发展党员，力争每个班组都有党员。注重把生产经营骨干培养成党员，把党员培养成生产经营骨干。对技术能手、青年专家等优秀人才，党组织应当加强联系、重点培养。

第二十二条　紧密结合企业生产经营开展党组织活动，通过设立党员责任区、党员示范岗、党员突击队、党员服务队等形式，引导党员创先争优、攻坚克难，争当生产经营的能手、创新创业的模范、提高效益的标兵、服务群众的先锋。引导党员积极参与志愿服务，注重发挥党员在区域化党建和基层治理中的重要作用。

第六章　党的政治建设

第二十三条　国有企业党组织必须把党的政治建设摆在首位，担负起党的政治建设责任，提高政治站位，强化政治引领，增强政治能力，涵养政治生态，防范政治风险，坚决落实党中央决策部署，推动企业聚焦主责主业，服务国家发展战略，全面履行经济责任、政治责任、社会责任。

第二十四条　坚持用党的创新理论武装党员干部职工，突出政治教育和政治训练，推动习近平新时代中国特色社会主义思想进企业、进车间、进班组、进头脑，引领职工群众听党话、跟党走。开展中国特色社会主义和实现中华民族伟大复兴中国梦宣传教育，加强爱国主义、集体主义、社会主义教育，抓好形势政策教育。

第二十五条　坚持以社会主义核心价值观引领企业文化建设，传承弘扬国有企业优良传统和作风，培育家国情怀，增强应对挑战的斗志，提升产业兴国、实业报国的精气神。深化文明单位创建，组织开展岗位技能竞赛，开展群众性文化体育活动，弘扬劳模精神、工匠精神，大力宣传、表彰先进典型，发挥示范引领作用，造就有理想守信念、懂技术会创新、敢担当讲奉献的新时代国有企业职工队伍。

第二十六条　把思想政治工作作为经常性、基础性工作，把解决思想问题同解决实际问题结合起来，多做得人心、暖人心、稳人心的工作，积极构建和谐劳动关系，努力将矛盾化解在基层。健全落实企业领导人员基层联系点、党员与职工结对帮带等制度，定期开展职工思想动态分析，有针对性做好人文关怀和心理疏导。注意在企业改革重组、化解过剩产能、处置"僵尸企业"和企业破产等过程中，深入细致做好思想工作，解决职工群众困难，引导职工群众拥护支持改革，积极参与改革。

第二十七条　坚持党建带群建，充分发挥群团组织桥梁纽带作用，推动群团组织团结动员职工群众围绕企业改革发展和生产经营建功立业，多为职工群众办好事、解难事，维护和发展职工群众利益。

第七章　党内民主和监督

第二十八条　国有企业党组织应当落实党员的知情权、参与权、选举权、监督权，畅通党员参与党内事务的途径，推进党务公开，建立健全党员定期评议党组织领导班子等制度。落实党员代表大会代表任期制，健全代表联系党员群众等制度，积极反映基层党组织和党员意见建议。

第二十九条　落实全面从严治党责任，强化政治监督，加强对党的理论和路线方针政策以及重大决策部署贯彻落实的监督检查。严格落实中央八项规定及其实施细则精神，坚决反对形式主义、官僚主义、享乐主义和奢靡之风。加强对制度执行的监督，加强对企业关键岗位、重要人员特别是主要负责人的监督，强化对权力集中、资金密集、资源富集、资产聚集的重点部门和单位的监督，突出"三重一大"决策、工程招投标、改制重组、产权变更和交易等重点环节的监督，严肃查处侵吞挥霍国有资产、利益输送等违规违纪问题。问题严重的，应当及时向上级党组织报告。

第三十条　落实党内监督责任，建立健全党内监督制度机制，强化日常管理和监督，充分发挥内设纪检组织、党委工作机构、基层党组织和党员的监督作用。加强对企业领导人员的党性教育、宗旨教育、警示教育，落实谈心谈话制度，加大提醒、函询、诫勉等力度，通过巡视巡察、考察考核、调研督导、处理信访举报、抽查核实个人有关事项报告等方式，督促企业领导人员依规依法用权、廉洁履职。

善用企业监事会、审计、法律、财务等监督力量，发挥职工群众监督、社会监督和舆论监督作用，推动各类监督有机贯通、相互协调，形成监督合力，提高监督效能。

第三十一条　国有企业内设纪检组织履行监督执纪问责职责，协助党委推进全面从严治党、加强党风建设和组织协调反腐败工作，精准运用监督执纪"四种形态"，坚决惩治和预防腐败。

各级纪委监委派驻企业的纪检监察机构根据授权履行纪检、监察职责，代表上级纪委监委对企业党委（党组）实行监督，督促推动国有企业党委（党组）落实全面从严治党主体责任。

第八章　领导和保障

第三十二条　各级党委应当把国有企业党的建设纳入整体工作部署和党的建设总体规划，按照管人管党建相统一的原则，健全上下贯通、执行有力的严密体系，形成党委统一领导、党委组织部门牵头抓总、国有资产监管部门党组（党委）具体指导和日常管理、有关部门密切配合、企业党组织履职尽责的工作格局。中央组织部负责全国国有企业党的建设工作的宏观指导。

中央企业直属企业（单位）党建工作，以中央企业党委（党组）领导、指导为主，企业所在地的市地以上党委协助。

中管金融企业党委垂直领导本系统的党组织，负责抓好本系统党建工作。

第三十三条　国有企业党组织履行党的建设主体责任，书记履行第一责任人职责，专职副书记履行直接责任，内设纪检组织负责人履行监督责任，党组织领导班子其他成员履行"一岗双责"，董事会、监事会和经理层党员成员应当积极支持、主动参与企业党建工作。

各级党组织应当强化党建工作责任制落实情况的督促检查，层层传导压力，推动工作落实。

第三十四条　全面推行党组织书记抓基层党建述职评议考核。强化考核结果运用，考核结果在一定范围内通报，并作为企业领导人员政治素质考察和综合考核评价的重要依据。

企业党组织每年年初向上级党组织全面报告上年度党建工作情况，党组织领导班子成员定期向本企业党组织报告抓党建工作情况。

第三十五条　国有企业党委按照有利于加强党的工作和精干高效协调原则，根据实际需要设立办公室、组织部、宣传部等工作机构，有关机构可以与企业职能相近的管理部门合署办公。领导人员管理和基层党组织建设一般由一个部门统一负责，分属两个部门的应当由同一个领导班子成员分管。

第三十六条　根据企业职工人数和实际需要，配备一定比例专兼职党务工作人员。选优配强党组织书记，把党支部书记岗位作为培养选拔企业领导人员的重要台阶。注重选拔政治素质好、熟悉经营管理、作风正派、在职工群众中有威信的党员骨干做企业党建工作，把党务工作岗位作为培养企业复合型人才的重要平台。严格落实同职级、同待遇政策，推动党务工作人员与其他经营管理人员双向交流。

加强对党支部书记和党务工作人员的培训，确保党支部书记和党务工作人员每年至少参加1次集中培训。新任党支部书记一般应当在半年内完成任职培训。

第三十七条　通过纳入管理费用、党费留存等渠道，保障企业党组织工作经费，并向生产经营一线倾斜。纳入管理费用的部分，一般按照企业上年度职工工资总额1%的比例安排，由企业纳入年度预算。整合利用各类资源，建好用好党组织活动阵地。

建立党支部工作经常性督查指导机制，推进党支部标准化、规范化建设，抓好软弱涣散基层党组织整顿提升。注重运用网络信息化手段和新媒体平台，增强党组织活动和党员教育管理工作的吸引力、实效性。

第三十八条　坚持有责必问、失责必究。对国有企业党的建设思想不重视、工作不得力的，应当及时提醒、约谈或者通报批评，限期整改。对违反本条例规定的，按照有关规定追究责任。

第九章　附　　则

第三十九条　本条例适用于国有独资、全资企业和国有资本绝对控股企业。国有资本相对控股并具有实际控制力的企业，结合实际参照本条例执行。

第四十条　本条例由中央组织部负责解释。

第四十一条　本条例自2019年12月30日起施行。其他有关国有企业党组织工作的规定，凡与本条例不一致的，按照本条例执行。

责任编辑：王世勇

图书在版编目（CIP）数据

国企党建品牌创建实用手册/《国企党建品牌创建实用手册》编委会 编. —
 北京：人民出版社,2021.9（2023.2 重印）
ISBN 978－7－01－023655－1

Ⅰ.①国…　Ⅱ.①国…　Ⅲ.①中国共产党-国有企业-党的建设-手册
 Ⅳ.①D267.1-62

中国版本图书馆 CIP 数据核字（2021）第 159119 号

国企党建品牌创建实用手册

GUOQI DANGJIAN PINPAI CHUANGJIAN SHIYONG SHOUCE

《国企党建品牌创建实用手册》编委会　编

人 民 出 版 社　出版发行
（100706　北京市东城区隆福寺街 99 号）

北京汇林印务有限公司印刷　新华书店经销

2021 年 9 月第 1 版　2023 年 2 月北京第 2 次印刷
开本：710 毫米×1000 毫米 1/16　印张：15
字数：205 千字

ISBN 978－7－01－023655－1　定价：68.00 元

邮购地址 100706　北京市东城区隆福寺街 99 号
人民东方图书销售中心　电话（010）65250042　65289539